Ao longo dos séculos, o Homem tem-se dividido quanto à forma como a política deve enformar a sua vida em sociedade, o que originou o aparecimento de inúmeras correntes e teorias políticas. Por isso, a «Biblioteca de Teoria Política» visa ser um ponto de encontro abrangente dos vários autores que num passado mais recente se dedicaram à reflexão e filosofia políticas, mas também das diversas orientações da moderna teoria política.

O Conceito do Político

Título original:
Der Begriff des Politischen.
Text von 1932 mit einem Vorwort und drei Corollarien

© 2009 Duncker & Humblot GmbH, Berlim, com base na edição de 1963
Todos os direitos reservados

Tradução: Alexandre Franco de Sá

© da Introdução: Alexandre Franco de Sá e Edições 70

Capa: FBA

Depósito Legal n.º

Biblioteca Nacional de Portugal – Catalogação na Publicação

SCHMITT, Carl, 1888-1985

O conceito do político. – (Biblioteca de teoria política ; 12)
ISBN 978-972-44-1824-7

CDU 32

Paginação:
MA

Impressão e acabamento:

para
EDIÇÕES 70
em
Maio de 2015

Direitos reservados para Portugal por Edições 70

EDIÇÕES 70, uma chancela de Edições Almedina, S.A.
Avenida Fontes Pereira de Melo, 31 – 3.º C – 1050-117 Lisboa / Portugal
e-mail: geral@edicoes70.pt

www.edicoes70.pt

Esta obra está protegida pela lei. Não pode ser reproduzida,
no todo ou em parte, qualquer que seja o modo utilizado,
incluindo fotocópia e xerocópia, sem prévia autorização do Editor.
Qualquer transgressão à lei dos Direitos de Autor será passível
de procedimento judicial.

CARL SCHMITT

O Conceito do Político

*Tradução, introdução e notas
de Alexandre Franco de Sá*

INTRODUÇÃO

"O CONCEITO DO POLÍTICO" DE CARL SCHMITT

Carl Schmitt é um dos pensadores políticos mais fascinantes e controversos do século xx. *O Conceito do Político*, o seu texto mais discutido e de maior repercussão, é também o único que foi reescrito e publicado, entre 1927 e 1933, em três versões revistas e minuciosamente alteradas. Passada a Segunda Guerra Mundial, na segunda edição do livro que sai em 1963, Schmitt publica a segunda destas versões (aparecida originalmente em 1932) acompanhada de um prefácio e três corolários, e é esta a versão que, desde então, tem sido reproduzida nas subsequentes edições, quer na Alemanha quer nas traduções de que foi objecto nas mais variadas línguas (inclusive nas duas traduções para língua portuguesa surgidas no Brasil, na Editora Vozes, de Petrópolis e, posteriormente, na Editora Del Rey, de Belo Horizonte). Assim, apesar da importância das transformações sofridas pelo texto no decurso das suas três primeiras edições, primeiro como artigo, em 1927, e depois como livro, em 1932 e 1933, não dispomos hoje, nem na Alemanha nem em qualquer outro país, de uma edição que as assinale. Além de tornar este clássico do pensamento político mais acessível em Portugal, é esta lacuna nos estudos dedicados ao pensamento de Carl Schmitt que a presente edição se propõe suprir. Nesta edição encontra-se, portanto, o texto "padrão" de 1932, reproduzido sucessivamente a partir da edição de 1963, acompanhado com um aparato de notas que assinalam as variações presentes tanto

CARL SCHMITT

no primeiro aparecimento do texto, em 1927, no *Archiv für Sozialwissenschaft und Sozialpolitik*, como na republicação do livro em 1933, numa época em que Hitler tinha acabado de chegar ao poder e em que o texto sai na fortemente politizada editora *Hanseatische Verlagsanstalt*, de Hamburgo. Com um tal aparato crítico, é nossa intenção conjugar o acesso à versão "padrão", apresentada tal como Schmitt a reproduziu a partir da década de 60, com a possibilidade de abordar o texto com base nas diversas camadas que nele se encontram sobrepostas, isto é, com a referência dos diferentes momentos da sua redacção e das diferentes questões que, visadas em momentos distintos, nele convergem e se sedimentam.

De um modo geral, em *O Conceito do Político*, Schmitt propõe-se considerar o político enquanto fenómeno fundamental da existência humana a partir da sua realidade concreta, baseando-se na possibilidade da ocorrência do conflito enquanto possibilidade da emergência de uma diferenciação dos homens segundo um agrupamento amigo-inimigo. Uma tal abordagem do político enquadra-se, no entanto, no contexto de uma tese que não pode deixar de se articular com ela, uma tese que Schmitt evoca permanentemente desde os seus primeiros textos – uma tese presente em *O Valor do Estado* (1914), em *A Ditadura* (1921), em *Teologia Política* (1922) e mesmo em *Doutrina da Constituição* (1928) – e que está subjacente à assunção, enquanto jurista, daquilo que designa como uma posição "decisionista" acerca do direito: a tese de que o Estado consiste essencialmente na realização ou efectivação (*Verwirklichung*) de uma ordem, ordem essa que, longe de poder ser confundida com a ordem jurídica das normas do direito, não pode deixar de lhe ser anterior, constituindo, nessa medida, a condição de possibilidade da sua vigência e aplicação. Se "não há norma que seja aplicável a um caos", e se é necessário "que seja criada ordem" para que as normas do direito possam vigorar e "a ordem jurídica tenha um sentido"([1]), tal quer dizer que a condição de possibilidade

---

([1]) Carl Schmitt. *Politische Theologie*. Berlin: Duncker & Humblot, 1996, p. 19.

INTRODUÇÃO | 9

desta mesma ordem jurídica reside numa decisão que antecede a estrutura normativa do direito e que, nessa medida, deverá poder desactivar uma tal estrutura em caso de necessidade.

O decisionismo parte justamente da caracterização desta decisão como a prerrogativa pela qual se define a soberania: segundo a conhecida formulação que inaugura o texto *Teologia Política*, o soberano é "quem decide o estado de excepção" [2]. O soberano é, por outras palavras, o detentor da decisão sobre se a ordem jurídica deverá ser suspensa em nome do restabelecimento da ordem e da normalidade, ou seja, sobre se ocorre uma situação fáctica e concreta que requer a introdução de um estado de *epochê* normativa para que possa ser reposta a ordem com base na qual as normas possam voltar a vigorar normalmente. Um tal estado de excepção é pensado por Schmitt como uma linha que separa, por um lado, a anomia do simples caos ou ausência de normas e, por outro lado, a presença das normas no decurso da sua vigência normal; uma linha correspondente a um estado que configura a situação paradoxal na qual as normas se retiram ou suspendem para que possam vigorar. Neste sentido, o estado de excepção não é nem a presença nem a ausência de normas, mas um específico modo de as normas estarem presentes através da sua subtracção e ausência ou, o que é o mesmo, um eclipse e uma retirada das normas como um modo paradoxal de elas se poderem fazer presentes. Como escreveu Giorgio Agamben: "É como se o direito contivesse uma fractura essencial que se situa entre a posição da norma e a sua aplicação, e que, no caso extremo, só pode ser colmatada através do estado de excepção, isto é, criando uma zona na qual a aplicação é suspensa, mas a lei permanece, como tal, em vigor" [3].

Para o decisionismo de Schmitt, o Estado é, na sua essência, o sujeito de uma tal decisão soberana e, nessa medida, o garante da ordem política. No entanto, uma tal concepção do Estado só se torna verdadeiramente compreensível se for abor-

---

[2] *Ibid.*, p. 13.
[3] Giorgio Agamben. *Stato di eccezione*. Turim: Bollati Boringhieri, 2003, p. 43.

dada a partir da consideração da origem do Estado na Europa moderna. É uma tal consideração que está na base da abordagem por Schmitt do conceito do político. Segundo Schmitt, o Estado moderno surgira como uma resposta às guerras religiosas que assolaram a Europa entre os séculos XVI e XVII. A resolução dos conflitos religiosos entre protestantes e católicos assentara na concentração do poder político no seio do Estado (que assim se tornara Estado soberano) e naquilo a que se poderia chamar uma neutralização política da esfera religiosa, segundo o lema de Albericus Gentilis frequentemente evocado por Schmitt: *Silete theologi in munere alieno*; que os teólogos se calem em assuntos que não lhes dizem respeito. Segundo Schmitt, o aparecimento do Estado moderno – o Estado soberano – correspondera à monopolização da decisão sobre o agrupamento amigo-inimigo; e uma tal monopolização consistira numa pacificação da Europa através da recusa dessa decisão a outras instâncias que a poderiam reivindicar. Assim, a neutralização política da teologia, a destituição das igrejas e das seitas na sua capacidade de determinarem conflitos políticos ou de decretarem "guerras santas", fundara a modernidade política europeia como uma ultrapassagem dos conflitos gerados pelo fanatismo religioso. E isso quereria dizer, segundo Schmitt, que uma tal ultrapassagem tornara-se possível unicamente a partir do processo pelo qual o Estado soberano concentrara em si a prerrogativa de decidir o conflito político extremo, decidindo, diferenciando ou separando – "decisão" (*Entscheidung*) encontra-se, em alemão, associada à noção de separar (*scheiden*) e de diferenciar (*unterscheiden*) – amigo e inimigo e, nessa medida, reservando para si o *jus belli*, o monopólio do direito de decidir sobre a guerra.

Na era democrática que nasceu das revoluções do século XVIII, estabelecendo o fim dos privilégios nobiliárquicos e colocando o povo como soberano, o Estado reservara-se a prerrogativa do *jus belli* em nome da soberania do povo e, nessa medida, do direito à autodeterminação e ao autogoverno de um povo soberano. Na sua análise do conceito do político, Schmitt parte justamente desta autoafirmação democrática do povo no *jus belli*

INTRODUÇÃO | 11

de um Estado que se constitui como a sua expressão política.
Para Schmitt, o Estado conservara a possibilidade da diferenciação amigo-inimigo, bem como o *jus belli* que lhe pertence, naquilo a que chama "um sentido existencial", na medida em que este mesmo Estado consistiria na afirmação por um povo de si mesmo na sua existência política. A possibilidade de uma tal diferenciação seria a condição para a existência de um povo enquanto unidade política. E a existência de povos, a existência de um mundo político constituído como um "pluriverso" de povos diferenciados, isto é, a atribuição ao político de um sentido estritamente existencial, seria, por seu lado, a condição para que o conflito não fosse capturado pelo fanatismo que encontra na guerra religiosa a sua expressão privilegiada. Segundo Schmitt, só a afirmação do "sentido existencial" do político poderia neutralizar os conflitos que procurariam atribuir ao conflito amigo-inimigo um sentido que ultrapassasse este carácter existencial, justificando as relações de inimizade a partir de uma dimensão religiosa, ética e normativa que não só impediria o mútuo reconhecimento entre os inimigos em conflito, mas sobretudo potenciaria a representação do inimigo como um criminoso odiado e de uma comunidade inimiga como um "império do mal".

Partindo deste enquadramento teórico, as considerações de Schmitt em *O Conceito do Político* brotam, antes de mais, de uma reflexão acerca da situação resultante do desfecho da Primeira Guerra Mundial e, em particular, das exigências feitas pelas potências vencedoras à Alemanha derrotada. Segundo Schmitt, o final da Grande Guerra de 1914-1918 e a constituição da Sociedade das Nações, pensada como uma "liga dos povos" (*Völkerbund*), representara a introdução de uma tendência para a superação, na ordem planetária, do mútuo reconhecimento entre potências, num equilíbrio a que chamará o *jus publicum Europaeum*. Uma tal tendência, introduzida pelas potências vencedoras da Primeira Guerra Mundial, baseava-se na apresentação do inimigo militarmente derrotado como um criminoso que deveria ser punido criminalmente, ou como um adversário moralmente mau que deveria ser reprovado e sancionado

12 | CARL SCHMITT

precisamente em nome da sua perversidade ou inferioridade moral. Uma tal tendência estaria pronta a banir a guerra como um método aceitável para a resolução de conflitos entre Estados (neste sentido, em larga medida, *O Conceito do Político* pode ser lido como uma reflexão crítica em torno do processo que, após a Primeira Guerra Mundial, desembocará no Pacto Kellogg--Briand, em 1928, como tentativa de erradicação da guerra e de criminalização da agressão armada). Segundo a argumentação de Schmitt, a criminalização do agressor e a rejeição da guerra teria como consequência não propriamente o desaparecimento da guerra, mas a atribuição às potências vencedoras da prerrogativa de decidir arbitrariamente a diferença entre aquilo que pode contar como guerra e agressão militar, por um lado, e aquilo que, por outro lado, não contará senão como uma acção defensiva preventiva, como uma acção policial contra o crime ou como uma acção militar em nome da paz ou da ajuda a populações carenciadas. Segundo Schmitt, nomes como "paz", "direito", "justiça" e mesmo "humanidade" significariam agora não propriamente conceitos, mas nomes evocados pelos vencedores para os reivindicar para si mesmos e, através da sua apropriação, para se colocarem numa posição de superioridade moral diante dos adversários derrotados. Com a transformação destes conceitos em nomes equívocos, estaria a ser forjado o clima propício a que uma invasão militar surgisse como uma intervenção libertadora ou protectora, um tributo como uma reparação e um acto de justiça, um bloqueio comercial e de alimentos como uma medida pacífica de pressão, um ataque preventivo como uma acção de defesa, uma iniciativa bélica como uma operação de paz.

A primeira versão de *O Conceito do Político*, aparecida em 1927 sob a forma de artigo, insere-se precisamente nesta crítica à ordem internacional pretensamente pacifista e humanista que a Sociedade das Nações estabelecera na sequência da Primeira Guerra Mundial. Neste sentido, o texto de 1927 surge na linha de textos de Schmitt que conjugam a elaboração teórica com a reflexão sobre a situação política concreta, histórica e fáctica da Alemanha de então, como é o caso, por exemplo, de *O status*

INTRODUÇÃO | 13

quo *e a Paz*, de *A Renânia como Objecto de Política Internacional* (1925) ou de *A Questão Central da Sociedade das Nações* (1926) ([4]).

Ao longo destes textos, Schmitt intensifica a sua confrontação teórica com aquilo que considera ser o embuste de uma situação na qual o direito e a moral são mobilizados por potências vencedoras como instrumentos ao serviço da sua dominação e da sua autolegitimação como "juízes em causa própria", não só forçando o adversário à assunção de uma culpa moral e penal, mas colocando-o – como Schmitt gosta de citar em francês – *hors la loi* e *hors l'humanité*, isto é, colocando-o como um criminoso intrinsecamente malévolo diante do qual se poderiam mobilizar legitimamente todos os recursos (e mesmo eventualmente todos os crimes e embustes) para impedir o seu sucesso. Para Schmitt, uma tal situação corresponderia a um regresso do conceito pré-moderno de "guerra justa", assente no *pathos* religioso pelo qual um grupo combateria o seu adversário na guerra como algo demoníaco, colocando-se do lado do bem, da paz e da justiça contra o mal, a guerra e o crime, e assumindo o direito de tudo fazer para que o bem triunfe sobre o mal.

Se o texto de 1927 surge essencialmente no seguimento de uma confrontação muito crítica de Schmitt com a política internacional, ele assenta na admissão implícita não apenas de que um povo é o agrupamento paradigmático no qual emerge a diferenciação entre amigo e inimigo, mas sobretudo de que o *jus belli* deve ser uma prerrogativa do Estado na medida em que este aparece como a própria expressão da existência política de um povo. O inimigo político aparece aqui determinado como um inimigo público – um *hostis* diferente de um *inimicus*, um πολέμιος diferente de um ἐχθρός –, isto é, como um inimigo que se apresenta como tal não em função de qualquer disputa ou ódio pessoal, não em função de quaisquer razões ou fundamentos normativos, mas apenas em "sentido existencial", no seguimento da sua pertença a uma comunidade política hostil.

([4]) Cf. "Die Rheinlande als Objekt internationaler Politik" e "Der status quo und der Friede", in *Positionen und Begriffe im Kampf mit Weimar – Genf – Versailles*, Berlin, Duncker & Humblot, 1988, pp. 29-37; 38-47. *Die Kernfrage des Völkerbundes* Berlin, Ferdinand Dümmlers Verlagsbuchhandlung, 1926.

A noção de que o Estado é essencialmente a expressão de um povo enquanto unidade política, e a consequente ideia de que é o povo que decide sobre o agrupamento amigo-inimigo através do próprio Estado, constituem os dois pilares nos quais o texto de 1927 assenta. No entanto, neste mesmo texto, emerge já a hipótese de que um grupo, uma seita ou um partido, dentro do povo, conquiste o poder e determine o Estado a partir da sua posição unilateral. Schmitt repensará, a partir de uma maior reflexão sobre esta hipótese, a relação entre povo e Estado, transformando a sua abordagem do conceito do político e fazendo com que ela adquira, na versão que publica em livro em 1932, a sua forma definitiva.

Para o autor que publica *O Conceito do Político* em 1932, o povo já não pode ser evocado, como acontecia em 1927, como o sujeito de uma decisão política que no Estado adquiria a sua expressão. Anteriormente, Schmitt já tinha apresentado o conceito de povo como algo que, em si mesmo, não seria senão uma multidão essencialmente plural, desigual e marcada por contradições e tensões internas. Diante de tais contradições e tensões, a unidade política teria sempre de ser pensada, afinal, não como proveniente do povo ele mesmo, na sua consistência imanente, mas como baseada num processo pelo qual uma autoridade vinda de cima – representando não a multidão imanente do povo, mas a ideia transcendente da sua unidade política – decidiria infalível ou soberanamente sobre essa mesma unidade, unindo, no mesmo acto, representação e constituição do próprio povo como sujeito político[5]. Por outras palavras, a evocação do povo por Schmitt como um sujeito político consistente capaz de decidir, a evocação da constituição em sentido existencial como a decisão soberana de um povo acerca da forma da sua unidade política, como acontece na sua *Doutrina da Constituição*[6], teria sempre, no fundo, o carácter de uma referência heurística. Ao repensar o conceito do político no

---

[5] Cf. Carl Schmitt. *Catolicismo Romano e Forma Política*, trad. Alexandre Franco de Sá. Lisboa: Hugin, 1998.

[6] Cf. Carl Schmitt. *Verfassungslehre.* Berlim: Duncker& Humblot, 1993.

INTRODUÇÃO | 15

texto de 1932, Schmitt trata, antes de mais, de assumir o carácter heurístico desta referência. Assim, em 1932, o desaparecimento do povo como sujeito político torna-se inteiramente manifesto na noção de que o Estado resulta do político, enquanto decisão sobre a diferenciação amigo-inimigo, e de que não é necessariamente o povo que pode assumir o protagonismo de uma tal decisão. Assim, se em 1927 o Estado aparecia essencialmente como a forma política do povo, em 1932, pelo contrário, Schmitt explora sobretudo a possibilidade de um grupo humano – uma seita religiosa ou um partido político, por exemplo – ter poder suficiente para instituir um Estado, diferenciando amigo e inimigo, e para combater os seus inimigos na sequência desta diferenciação. O Estado poderia corresponder à existência de um povo como unidade política, mas ele já não lhe corresponderia necessariamente. Longe de ter de ser um Estado étnico, o Estado teria agora uma natureza aberta e indefinida: um Estado religioso, nas mãos de uma igreja ou seita que através dele combateria os seus "inimigos na fé", ou um Estado proletário, no qual um partido operário declarasse guerra a "patrões" e "capitalistas", seriam ainda e sempre Estados, contanto que reservassem para si a diferenciação amigo-inimigo e a possibilidade de combater na sequência de tal diferenciação. Dir-se-ia, então, que entre 1927 e 1932 Schmitt transforma a atenção dedicada ao protagonista da decisão política. Por isso, é agora o Estado e não o povo a expressão do político enquanto possibilidade da diferenciação amigo-inimigo.

A substituição do povo pelo Estado enquanto sujeito subjacente à possibilidade de diferenciar amigo e inimigo, explícita pelas transformações sofridas pelo texto de *O Conceito do Político* entre 1927 e 1932, conduz Schmitt à mudança fundamental na sua concepção do político. Em 1927, o político era apresentado por Schmitt como um "âmbito de coisas" (*Sachgebiet*) entre outros, como uma esfera da realidade ao lado de outras esferas (A196). Do mesmo modo como existiriam questões especificamente éticas, definidas a partir da polaridade entre bem e mal, ou do mesmo modo como existiria um círculo de coisas especificamente religiosas, determinadas pela oposição entre fé e descrença, assim também haveria "coisas políticas" ao lado de outras coisas que o não seriam. As "coisas políticas", consideradas desta maneira, só poderiam ser aquelas que de algum modo se relacionariam com o povo ou com a comunidade política de um modo geral. E é em contraposição a esta abordagem que, a partir do livro publicado em 1932, Schmitt considera o político não como um "âmbito de coisas", mas como o "grau de intensidade" de uma relação que pode estar subjacente a qualquer área da realidade (B38). Independentemente do âmbito de coisas a que pertença a sua natureza, qualquer instância pode ser considerada política desde que possa determinar, a partir de si mesma, o agrupamento dos homens segundo a diferenciação entre amigo e inimigo. Os exemplos evocados por Schmitt são inteiramente claros. Se uma igreja tiver poder suficiente para declarar uma guerra santa aos infiéis, ela já não poderá ser considerada como pertencente a um âmbito de coisas puramente religioso, mas mover-se-á no plano do político na medida em que diferencia amigo e inimigo. Se um sindicato ou um partido operário tiver poder suficiente para encontrar nos patrões capitalistas um inimigo a combater, a relação que assim se estabelece já não poderá ser considerada como algo simplesmente económico, mas situar-se-á no plano político justamente porque se tratará de agrupar os homens entre amigos e inimigos.

A caracterização por Schmitt do político já não como um "âmbito de coisas", mas como o mais extremo "grau de intensidade de uma associação ou dissociação", ou seja, a ideia de que o político, longe de se restringir a um conteúdo específico de coisas políticas, possui uma ubiquidade que converte em potencialmente político qualquer âmbito da realidade, tornaria possível a consideração daquilo que, em 1932, emergia para Schmitt como o problema fundamental da política sua contemporânea: a fraqueza do Estado moderno e o seu assalto às mãos de partidos e movimentos que procuravam ocupá-lo e colocá-lo ao seu serviço. Se a emergência do Estado moderno na Europa tinha sido considerada por Schmitt a partir da neutralização política da religião, a noção de que qualquer área da realidade se poderia tornar política abriria a consciência de que uma tal

INTRODUÇÃO | 17

neutralização nunca poderia ser considerada uma tarefa definitivamente cumprida, e de que seria sempre possível potenciar
o agrupamento amigo-inimigo com um *pathos* religioso que
transformaria o carácter existencial do conflito político num
combate fanático do bem contra o mal, da luz contra as trevas
ou da justiça contra o crime. Ao longo da década de 20, Schmitt
abordou várias vezes o modo como seria possível traduzir um
fanatismo de tipo religioso numa atitude política, mesmo que
tal fanatismo político fosse ateu e irreligioso. É neste sentido
que, em *Teologia Política*, referindo-se ao anarquismo ateu de
Bakunine, Schmitt fala de um "teólogo do antiteológico" [7]. Na
sequência destas abordagens, a versão de 1932 de *O Conceito do
Político* reflecte abundantemente sobre aquilo que caracteriza
como a morte do Estado moderno, caracterizando esta morte a
partir da abordagem das teses "pluralistas" sobre o Estado – as
quais mostram a sua crescente incapacidade para se distinguir
qualitativamente de qualquer outra associação humana – e,
nesta medida, a partir da sua progressiva dificuldade para diferenciar o conflito estritamente político, o conflito político em
sentido existencial, de um conflito fanático que resultasse de
uma atitude religiosa ou da esfera do teológico.

Segundo o Schmitt de 1932, sobretudo numa Alemanha em
cujas ruas se intensificava o combate entre comunistas e nazis,
o Estado moderno perdia crescentemente a sua autoridade e
encontrava-se exposto ao assalto de partidos que, servindo-se
das próprias normas constitucionais, dos processos eleitorais e
da propaganda, procuravam ocupar esse mesmo Estado, sub-
vertê-lo por dentro e transformá-lo numa estrutura colocada ao
serviço da sua "ideologia". Um Estado crescentemente ocupado
por tais partidos teria cada vez mais dificuldade de diferenciar
um âmbito da vida especificamente político, na medida em
que, às mãos dos partidos que o ocupavam, todas as áreas da
realidade – a cultura, a religião, a educação, a vida em geral –
seriam crescentemente politizadas. Em textos como *O Guardião*

---

[7] *Politische Theologie*, p. 70.

CARL SCHMITT

da Constituição (1931)[8] ou *Legalidade e Legitimidade* (1932)[9], Schmitt cunha este processo de politização de todas as áreas da vida humana através da expressão "Estado total": o "Estado total de partidos" seria um Estado total por fraqueza, por incapacidade de se defender do assalto dos partidos, e por não poder deixar de abranger, em função desta incapacidade, todos os âmbitos da vida social, deixando de conseguir diferenciar o que é político daquilo que o não é. A redução do Estado a um aparelho ocupado por partidos mobilizados por uma "visão do mundo" ou mundividência (*Weltanschauung*), a emergência de um Estado total colocado ao serviço da politização de toda a vida social às mãos destes mesmos partidos, corresponderia, segundo Schmitt, ao regresso a uma estrutura de poder pré-moderna, na qual se eclipsava a grande conquista do Estado soberano: o impedimento do fanatismo e a redução do político, da possibilidade do agrupamento amigo-inimigo, a um sentido meramente existencial. Face a um tal eclipse da função essencial do Estado moderno, dir-se-ia que *O Conceito do Político*, aquando da sua publicação em livro em 1932, consistiu também numa defesa polémica do carácter essencial desta função.

No ano de 1933, no decurso da nomeação de Hitler como Chanceler a 30 de Janeiro, Schmitt procurará interpretar a chegada do nazismo ao poder de um modo igualmente polémico. Nesse ano, apressando-se a aderir ao Partido Nazi depois de se ter manifestado explícita e publicamente contra ele, Schmitt procura centrar-se numa visão do nazismo segundo a qual este surgia como uma oportunidade para restaurar a autoridade do Estado, bem como a sua função de neutralização política da religião, de seitas e de partidos na sua atitude potencialmente fanática. Contrariando a visão do Estado de ideólogos nazis como Alfred Rosenberg[10] ou de juristas nazis como Otto

---

[8] Carl Schmitt. *Der Hüter der Verfassung.* Berlin: Duncker & Humblot, 1996.

[9] Carl Schmitt. *Legalität und Legitimität.* Berlin: Duncker & Humblot, 1993.

[10] Alfred Rosenberg. *Der Mythus des 20. Jahrhunderts.* Munique, Hoheneichen-Verlag, 1933.

INTRODUÇÃO | 19

Koellreutter([11]), os quais reduziam explicitamente o Estado a um instrumento nas mãos do "povo político" e do "movimento" encarregado de expresar a sua mobilização, Schmitt interpreta o novo Estado Nazi como uma estrutura política que teria superado a dicotomia liberal "Estado-sociedade" através de uma tríade constituída por "Estado-movimento-povo": uma estrutura na qual o povo permaneceria sempre como o depositário de uma vida protegida e subtraída à politização, como o elemento da tríade que, na articulação política, constituiria o seu "lado impolítico" ou "apolítico" (*die unpolitische Seite*) ([12]). Assim, se o nazismo correspondeu, de facto, ao desenvolvimento que Schmitt tinha previsto em 1932 com o conceito de um "Estado total de partidos", se ele consistiu na ocupação do Estado por um partido que se propunha politizar totalmente todos os âmbitos da vida social, transformando o povo num "povo político" e fanatizando esse mesmo povo, Schmitt procura, em 1933, interpretar o Estado Nazi como uma estrutura "político-estática" na qual o movimento se constituiria como um eixo "político-dinâmico" através do qual, na sua relação com o povo, o Estado recuperaria a sua autoridade ordenadora, protectora e, nesse sentido, despolitizante. Desta linha de interpretação do Estado nazi participarão discípulos de Schmitt como Ernst Forsthoff, o qual, em 1933, evoca claramente a autoridade do Estado face à influência e mobilização política exercida pelo movimento e mesmo pelo carisma pessoal do Führer: "Estado e movimento não são identificáveis um com o outro. O movimento pode emergir na pessoa do seu líder [*Führer*]. O Estado não. [...] O Estado está ligado à tradição, à lei e à ordem"([13]). Assim, segundo esta tentativa de interpretação, explicitamente rejeitada e comba-

---

([11]) Otto Koellreutter. *Volk und Staat in der Weltanschauung des Nationalsozialismus.* Berlin: Pan-Verlagsgesellschaft, 1935.

([12]) Carl Schmitt. *Staat, Bewegung, Volk.* Hamburg: Hanseatische Verlagsanstalt, 1933, p. 12.

([13]) Ernst Forsthoff. *Der totale Staat.* Hamburg: Hanseatische Verlagsanstalt, 1933, p. 31.

20 CARL SCHMITT

tida por teóricos nazis como Alfred Rosenberg([14]), o Estado Nazi que acabara de se estabelecer, superando o liberalismo da Constituição de Weimar de 1919, significaria essencialmente a reconquista da autoridade política do Estado e da sua capacidade protectora e neutralizadora dos conflitos. As profundas alterações sofridas pelo texto de *O Conceito do Político*, aquando da sua publicação em 1933, testemunham precisamente, antes de mais, esta tentativa de interpretação([15]).

Se *O Conceito do Político* de 1932 tinha sido publicado sob a ideia de que o Estado estava a ponto de morrer, o texto de 1933 substitui a referência à evocação da morte do Estado (a referência, por exemplo, a um autor como Léon Duguit) pela polémica contra a convergência entre socialismo e liberalismo na sua rejeição do Estado como unidade política suprema (C55-56). Para o Schmitt de 1933, intensificando a ubiquidade do político tal como tinha sido apresentada em 1932, a política é "o destino", envolvendo o homem na integralidade da sua existência e podendo, por essa razão, estar presente em qualquer dimensão da vida humana. Dir-se-ia que, na sequência também da recen-

---

([14]) Cf. Alfred Rosenberg. „Totaler Staat?". in *Gestaltung der Idee: Blut und Ehre II*. München: Zentralverlag der NSDAP, 1936.

([15]) Cf., a este propósito, o meu artigo "A Questão do Nacionalismo no Pensamento de Carl Schmitt: o conceito schmittiano do político entre a República de Weimar e o Estado Nazi", in *Revista Filosófica de Coimbra*, nº 31, 2007, pp. 239-260 [publicado também em: Alexandre Franco de Sá. *Poder, Direito e Ordem: ensaios sobre Carl Schmitt*. Rio de Janeiro: Via Verita, 2012]. Durante o III Reich, Schmitt não poupará esforços para apresentar as alterações de *O Conceito do Político* como melhorias do texto sem significado em termos de conteúdo. Por essa razão, na colectânea *Posições e Conceitos*, que publica em 1940, volta a publicar a versão de 1927, apresentada com uma nota em que, não fazendo qualquer referência às variações ocorridas nas duas versões subsequentes, se lê o seguinte: "A segunda edição de *O Conceito do Político* apareceu em 1931 na Duncker & Humblot, a terceira e seguintes edições apareceram, desde 1933, na editora da Hanseatische Verlagsanstalt, de Hamburgo. A presente edição foi elaborada literalmente segundo a publicação do ano de 1927, para um melhor juízo das tentativas feitas por revistas de emigrantes para estabelecer algumas melhorias que empreendi mais tarde como indecentes alterações de pensamento [*unanständige Gesinnungsänderungen*]" (Cf. Carl Schmitt. *Positionen und Begriffe*. Berlin: Duncker & Humblot, 1994, p. 75).

INTRODUÇÃO | 21

são de *O Conceito do Político* escrita por Leo Strauss em 1932([16]),
Schmitt rejeita aqui definitiva e integralmente qualquer possibilidade de compreensão liberal do político como um "âmbito
de coisas" ou uma "esfera" de coisas políticas, situada ao lado de
coisas não políticas. Contudo, para o Schmitt de 1933, importa
sobretudo não confundir esta rejeição de uma concepção
liberal do político com a adesão à proposta totalitária de uma
politização de todas as dimensões da vida individual e social.
E importa não fazê-lo justamente porque o argumento último de
Schmitt, na sua defesa de um Estado dotado de uma autoridade
absoluta, soberana e incontestada, encontra-se na noção de que
só o Estado, ao dotar o agrupamento amigo-inimigo de um
sentido puramente existencial, estaria em condições de evitar
uma politização total da vida. Neste sentido, é significativo que
Schmitt, na transição entre as edições de 1932 e 1933, depois
de caracterizar a política como "o destino", e a unidade política
como "paradigmática, total e soberana", tenha tido o cuidado
de manter inalterada a passagem em que afirmava que tal não
quereria dizer que cada aspecto singular da existência de cada
homem tivesse de ser comandado pelo político (C21-22), nem
que a unidade política se devesse sobrepor à vida, à família, à
amizade, aos vários tipos possíveis de associação humana, politizando-os e eventualmente aniquilando-os. Na versão de 1933 de
O Conceito do Político, a partir das mudanças relativas à edição do
ano anterior, é muito clara a tentativa de conjugar a afirmação
da ubiquidade do político com a afirmação da autoridade de
um Estado cujo poder se exerceria através não da politização de
cada dimensão da vida de cada um, mas precisamente do seu
contrário, ou seja, através da possibilidade de que o monopólio
da diferenciação amigo-inimigo pelo Estado correspondesse à
possibilidade de proteger o povo (e a vida individual e social de
cada um) relativamente a partidos, seitas e movimentos que a
procurariam invadir e mobilizar. A este propósito, é eloquente

---

([16]) Sobre a relação entre Carl Schmitt e Leo Strauss a propósito desta
recensão, cf. sobretudo Heinrich Meier. *Carl Schmitt, Leo Strauss und "Der Begriff
des Politischen"*. *Zu einem Dialog unter Abwesenden*. Estugarda e Weimar: Metzler,
1998.

22 | CARL SCHMITT

que Schmitt acrescente, precisamente no texto de 1933 e no momento da ocupação do poder pelo nazismo, uma referência crítica ao aborto, à morte livre e à eutanásia, escrevendo explicitamente que "nenhum programa, nenhum ideal e nenhuma finalidade poderiam fundar um direito público de dispor sobre a vida física de outros homens" (C31).

Em suma, contrariando a visão do nazismo que desenvolve em 1932, na qual este aparecia claramente caracterizado como um movimento totalitário perigoso que procurava conquistar o poder no Estado para o subverter por dentro, Schmitt esforçar-se-á em 1933 por ver no Estado Nazi a restauração da autoridade do Estado e, portanto, o oposto de uma tal subversão. Dir-se-ia que, ao aderir ao Estado Nazi, Schmitt investe um singular esforço intelectual em pensar o estabelecimento da liderança (da *Führung*), enquanto princípio consagrado pelo novo Estado, como a possível restauração desta autoridade. As mudanças que ocorrem no texto de 1933 expressam sobretudo este esforço para, no decurso da decisão de aderir ao "movimento", manter o essencial daquilo que tinha sido o alvo das suas críticas anteriores ao nazismo. No entanto, uma tal intenção, importa dizê-lo, não impedirá que o compromisso de Schmitt com o novo regime, sobretudo entre 1933 e 1936, tenha sido crescente e tenha ido também demasiado longe. Entre esses anos, procurando assegurar a sua situação no novo regime, Schmitt cederá à tentação de aludir ao conceito de "raça" como a base para pensar o "princípio da identidade" do povo, transformando a sua caracterização deste através de afinidades e similaridade (através do conceito de *Gleichartigkeit*, como tinha ocorrido na sua *Doutrina da Constituição* em 1928) na evocação de uma igualdade de tipo racial, a que se refere como "igualdade de espécie" (*Artgleichheit*)([17]). Do mesmo modo, acompanhando esta transformação da *Gleichartigkeit* em *Artgleichheit*, ele irá ao ponto de interpretar o líder (o *Führer*) não apenas como chefe do poder executivo e legislador, mas também como juiz, numa altura em que o general Schleicher,

---

([17]) Cf. Carl Schmitt. *Staat, Bewegung, Volk*, pp. 42, 45 etc.

INTRODUÇÃO | 23

o antigo Chanceler em que ele depositara ainda algumas esperanças em 1932, era assassinado na Noite das Facas Longas([18]); ou também ao ponto de saudar as Leis de Nuremberga, as leis raciais de 1935([19]). No entanto, ao contrário do que se passa em textos mais pequenos e circunstanciais onde é manifesto o esforço de mostrar uma adesão ao regime, ou mesmo em algumas passagens de *Estado, Movimento, Povo*, livro onde pretende apresentar a sua concepção do Estado Nazi, a versão de 1933 de *O Conceito do Político* não pode ser compreendida à luz de uma tentativa de compromisso com o regime, com o seu racismo, com o seu biologismo e com a sua vocação totalitária. Reescrevendo pela terceira vez o texto que publicara em livro no ano anterior, Schmitt pretende certamente pensar o novo regime a partir do seu conceito do político, mas não transformar o seu conceito do político a partir da sua adesão ao novo regime. Dir-se-ia, por isso, que *O Conceito do Político*, na versão publicada em 1933, é também a obra que mais claramente manifesta o pensamento schmittiano no contexto do trânsito entre a crise final da República de Weimar e a ascensão do nazismo; uma obra que o manifesta quer pelo que altera quer pelo que deixa inalterado das versões anteriores.

Abril de 2015

ALEXANDRE FRANCO DE SÁ

([18]) Cf. Carl Schmitt. "Der Führer schützt das Recht", *in Positionen und Begriffe*. Berlin: Duncker & Humblot, 1988, pp. 227-232.

([19]) Cf. Carl Schmitt. "Die Verfassung der Freiheit". in *Deutsche Juristen-Zeitung*, 40,1935, pp 1134-1135.

A presente tradução tem como referência, como em geral acontece nas edições desta obra, a versão de *O Conceito do Político* publicada em livro em 1932 e reeditada em 1963, com um prefácio e três corolários. Contudo, ela apresenta em nota também as variantes presentes quer na primeira versão do texto, publicada em 1927 no *Archiv für Sozialwissenchaft und Sozialpolitik,* quer na edição em livro de 1933. As três versões são referenciadas pelas letras A, B e C, sendo a paginação dos textos originais indicada nas margens. Os originais a partir dos quais foram feitas as traduções são os seguintes:

A

1.ª versão (1927): *Der Begriff des Politischen.* Publicado in *Frieden oder Pazifismus? Arbeiten zum Völkerrecht und zur internationalen Politik 1924-1978* (ed. Günter Maschke). Berlin: Duncker & Humblot, 2005, pp. 194-219.

B

2.ª versão (1932): *Der Begriff des Politischen: Text von 1932 mit einem Vorwort und drei Corollarien.* Berlin: Duncker & Hublot, 1996; 6.ª edição.

C

3.ª versão (1933): *Der Begriff des Politischen.* Hamburg: Hanseatische Verlagsanstalt, 1933.

*À memória do meu amigo
August Schaetz, de Munique,
caído a 28 de Agosto de 1917,
no ataque a Moncelul.*

Prefácio

... Aristóteles diz, o que alguns dizem e acham, e di-lo com aprovação, que a amizade e a guerra são causa da fundação e da corrupção. *Cillierchronik*, p. 72 (por Otto Brunner, *Land und Herrschaft*, 1939, colocado como mote na secção *Política e faidas* (*)).

Esta reimpressão do escrito sobre o "conceito do político" contém o texto completo, sem modificações, da edição de 1932. No posfácio de 1932 é destacado e explicitamente acentuado o carácter rigorosamente didáctico do trabalho, de tal modo que tudo o que aqui é dito em relação ao conceito do político deve apenas "enquadrar teoricamente um problema incomensurável". Por outras palavras, deve ser demarcado um quadro para determinadas perguntas da ciência jurídica a fim de ordenar uma temática confusa e encontrar uma tópica dos seus conceitos. Isso é um trabalho que não pode começar com determinações essenciais intemporais, mas que só arranca, à partida, com critérios para não perder de vista o material e a situação. Trata-se nele, principalmente, da relação e da posição contraposta dos conceitos *estatal* e *político*, por um lado, *guerra* e *inimigo*, por outro, a fim de reconhecer o seu teor de informação para este campo conceptual.

(*) Para o esclarecimento do termo "faida", cf. nota subsequente (*N. T.*).

O desafio

O campo relacional do político altera-se constantemente, de cada vez segundo as forças e os poderes que se ligam uns com os outros ou que se separam entre si para se afirmarem. A partir da polis antiga, Aristóteles adquiriu determinações do político diferentes de um escolástico medieval que assumisse literalmente as formulações aristotélicas e, no entanto, tivesse em vista algo completamente diferente, designadamente a contraposição entre espiritual-eclesiástico e secular-político, isto é, uma relação de tensão entre duas ordens concretas. Quando a unidade da Igreja da Europa Ocidental colapsou, no século XVI, e a unidade política foi destruída por guerras civis confessionais cristãs, chamavam-se em França *politiques* precisamente aqueles juristas que, na guerra entre irmãos que se desenrolava entre partidos religiosos, defendiam o *Estado* como a unidade superior, neutral. Jean Bodin, o pai do direito do Estado e do direito das gentes europeu, era um tal *político* típico deste tempo.

A parte europeia da humanidade vivia, até há pouco, numa época cujos conceitos jurídicos eram completamente cunhados a partir do Estado e pressupunham o Estado como modelo da unidade política. A época da estatalidade chega agora ao seu fim. Sobre isso já não vale a pena perder tempo a discutir. Com ela, chega ao fim toda a superestrutura de conceitos relacionados com o Estado que um trabalho de pensamento de quatro séculos da ciência do direito do Estado e do direito das gentes eurocêntrico edificou. O Estado enquanto modelo da unidade política, o Estado enquanto portador do mais espantoso de todos os monopólios, nomeadamente o monopólio da decisão política, esta obra-prima da forma europeia e do racionalismo ocidental, é destronado. Mas os seus conceitos são mantidos, e mesmo ainda como conceitos *clássicos.* Certamente que o termo *clássico* soa hoje quase sempre ambíguo e ambivalente, para não dizer irónico.

Houve realmente uma vez um tempo no qual fazia sentido identificar os conceitos *estatal* e *político.* Pois para o Estado europeu clássico tinha sido alcançado algo completamente impro-

O CONCEITO DO POLÍTICO | 31

vável: criar paz no seu interior e excluir a inimizade como conceito jurídico. Ele conseguira eliminar as faidas(*), um instituto de direito medieval, pôr fim às guerras civis confessionais dos séculos XVI e XVII, que eram conduzidas de ambos os lados como guerras particularmente justas, e produzir, dentro do seu território, tranquilidade, segurança e ordem. A fórmula "tranquilidade, segurança e ordem" servia reconhecidamente como definição da polícia. No interior de um tal Estado, havia, de facto, apenas polícia, e já não política; a não ser que se designe como política intrigas de corte, rivalidades, facções e tentativas de rebelião de descontentes, numa palavra, "perturbações". Um tal emprego do termo política é, naturalmente, igualmente pos- **B11** sível, e discutir sobre a sua correcção ou incorrecção seria uma luta terminológica. Só se tem de notar que ambos os termos, política e polícia, são derivados da mesma palavra grega *polis*. Política em sentido grande, alta política, era então apenas a política externa que um Estado soberano enquanto tal, diante de outros Estados soberanos que ele reconhecia como tal, realizava no plano deste reconhecimento, na medida em que decidia sobre recíproca amizade, inimizade ou neutralidade.

Que é o clássico num tal modelo de uma unidade política pacificada e fechada para dentro, e que surge fechada para fora como um soberano diante de soberanos? O clássico é a possibilidade de diferenciações claras inequívocas. Dentro e fora, guerra e paz; durante a guerra, militar e civil, neutralidade ou não-neutralidade, tudo isto está reconhecidamente separado e não é misturado propositadamente. Também na guerra, todos, de ambos os lados, têm o seu status claro. Também o inimigo, na guerra do direito das gentes inter-estatal, é reconhecido como Estado soberano no mesmo plano. Neste direito das gentes inter-estatal, o reconhecimento como Estado, enquanto este ainda tiver um conteúdo, contém já o reconhecimento do direito à guerra e, portanto, o reconhecimento como

---

(*) O termo "faida" traduz o alemão *Fehde*. Com origem no italiano medieval, este termo refere-se às lutas que poderiam resultar, na Idade Média, da execução de vinganças e de compensações privadas por parte de famílias ou outro tipo de grupos (*N. T.*).

inimigo justo. Também o inimigo tem um status; ele não é um criminoso. A guerra pode ser delimitada e circunscrita com circunscrições do direito das gentes. Em consequência disso, ela podia também ser terminada com um tratado de paz que normalmente continha uma cláusula de amnistia. Só assim é possível uma diferenciação clara entre guerra e paz, e só assim uma neutralidade limpa, inequívoca. A circunscrição e clara delimitação da guerra contêm uma relativização da inimizade. Cada relativização é um grande progresso no sentido da humanidade. Certamente que não é fácil implementá-lo, pois para os homens é difícil não terem o seu inimigo por um criminoso. Em todo o caso, para o direito das gentes europeu, o direito da guerra inter-estatal que decorre sobre a terra, foi conseguido esse passo raro. De que modo ele será conseguido por outros povos que, na sua história, só conhecem guerras coloniais e civis, está ainda por saber. Em nenhum caso é um progresso no sentido da humanidade interditar como reaccionária e criminosa a guerra circunscrita do direito das gentes europeu e, em vez dela, em nome da guerra justa, desencadear inimizades revolucionárias de classe e de raça que já não podem e também já não querem diferenciar inimigo e criminoso.

Estado e soberania são os fundamentos das delimitações de guerra e inimizade que até agora foram alcançadas. Na verdade, uma guerra levada a cabo concretamente segundo as regras do direito das gentes europeu contém em si mais sentido de direito e de reciprocidade, mas também mais em procedimentos jurídicos, mais "acção jurídica", como antigamente se dizia, do que um processo espectáculo, encenado pelos modernos detentores do poder, para a aniquilação moral e física do inimigo político. Quem deitar abaixo as diferenciações clássicas e as circunscrições da guerra inter-estatal, construídas sobre elas, tem de saber o que faz. Revolucionários profissionais como Lenine e Mao Tse-tung sabiam-no. Alguns juristas profissionais não o sabem. Não conseguem notar como os conceitos clássicos tradicionais da guerra circunscrita são utilizados como armas da guerra revolucionária, dos quais é possível servir-se

O CONCEITO DO POLÍTICO | 33

de forma puramente instrumental, à vontade e sem obrigação de reciprocidade.

Esta é a situação. Uma situação intermédia tão confusa entre forma e não-forma, guerra e paz, levanta questões que são incómodas e incontornáveis e que contêm em si um genuíno desafio. A palavra alemã *desafio* [*Herausforderung*] (*) traz aqui à expressão tanto o sentido de um *challenge* como de uma *provocação*.

Tentativa de uma resposta

O escrito sobre o conceito do político é uma tentativa de ser justo para com as novas questões e de não desvalorizar nem o *challenge* nem a provocação. Enquanto a conferência sobre Hugo Preuß (1930) (**) e os tratados *Der Hüter der Verfassung* (1931) (***) e *Legalität und Legitimität* (1932) (****) investigam a nova **B13** problemática de direito constitucional intra-estatal, os temas de teoria do Estado encontram-se agora com os temas do direito das gentes inter-estatal; não se fala apenas da doutrina pluralista do Estado – na Alemanha de então ainda completamente desconhecida –, mas também da Sociedade das Nações de Genebra. O escrito responde ao desafio de uma situação intermédia. O desafio, que resulta desta mesma situação, dirige-se,

---

(*) O termo alemão *Herausforderung* possui precisamente, na sua etimologia, este duplo sentido de provocar e desafiar, na medida em que se trata precisamente de se dirigir a algo (*fordern*) para extrair algo dele e tirá-lo para fora (*heraus*). É a partir deste duplo sentido que Martin Heidegger, no seu ensaio *A questão da técnica*, elege precisamente o termo *Herausforderung* para designar o modo como o ente técnico vem a ser (*N. T.*).

(**) Schmitt refere-se ao texto que publicou em 1930 sob o título "Hugo Preuss: o seu conceito de Estado e a sua posição na doutrina alemã do Estado": *Hugo Preuss: Sein Staatsbegriff und seine Stellung in der deutschen Staatslehre*. Tübingen: J. C. B. Mohr, 1930 (*N. T.*).

(***) Trad. port.: Carl Schmitt. *O Guardião da Constituição*. Belo Horizonte: Del Rey, 2007 (*N. T.*).

(****) Trad. port.: Carl Schmitt. *Legalidade e Legitimidade*. Belo Horizonte: Del Rey, 2007 (*N. T.*).

em primeira linha, a peritos constitucionais e a juristas do direito das gentes. Assim, diz logo a primeira frase: "O conceito de Estado pressupõe o conceito do político". Quem deverá compreender uma tese formulada de um modo tão abstracto? Para mim, ainda hoje é duvidoso se fazia sentido começar uma apresentação neste carácter abstracto, nada transparente à primeira vista, porque frequentemente já a primeira frase decide sobre o destino de uma publicação. No entanto, o enunciado conceptual quase esotérico não está, precisamente neste ponto, fora do lugar. Ele expressa pelo seu carácter de tese provocadora a que destinatários se dirige em primeira linha, designadamente a conhecedores do *jus publicum Europaeum*, conhecedores da sua história e da sua problemática actual. É apenas com referência a tais destinatários que o posfácio em geral ganha sentido, pois destaca tanto a intenção de "enquadramento de um problema incomensurável" como também o carácter rigorosamente didáctico da apresentação.

Um relatório sobre os efeitos do escrito dentro deste âmbito especializado dos seus autênticos destinatários teria de envolver publicações subsequentes que ultrapassam o ponto de partida deste conceito do político e procuram preencher o enquadramento. A isso pertence a conferência sobre "A viragem para o conceito de guerra discriminante" (1938) e o livro sobre o "Nomos da Terra"* (1950). Um tal relatório teria também de abarcar o desenvolvimento das intuições sobre o procedimento político e o asilo político, e sobre a justiciabilidade dos actos políticos e decisões de questões políticas que envolvem a forma da justiça; teria mesmo de envolver os fundamentos do processo judiciário em geral, ou seja, uma investigação sobre até onde o procedimento judiciário já modifica por si mesmo, enquanto procedimento, a sua matéria e objecto, levando-o a um outro estado de agregação. Tudo isso ultrapassa de longe o quadro de um prefácio e pode aqui apenas ser indicado como tarefa. Tam-

---

(*) Schmitt refere-se ao livro *Der Nomos der Erde* (Berlin: Duncker & Humblot). Trad. port.: *O Nomos da Terra*. Rio de Janeiro: Contraponto, 2014 (*N. T.*).

O CONCEITO DO POLÍTICO | 35

bém a questão da unidade política – não apenas económica ou técnica – do mundo pertenceria a isso. No entanto, do grande número de manifestações, gostaria aqui de tomar dois ensaios sobre direito das gentes que se confrontam criticamente com as minhas ideias, rejeitando-as, e contudo mantêm objectivamente em vista o tema: as duas tomadas de posição que o Prof. Hans Wehberg, de Genebra, publicou na sua revista *"Friedenswarte"*, em 1941 e 1951.

Como o escrito sobre o conceito do político, tal como qualquer elucidação de conceitos concretos no plano da ciência jurídica, trabalha um material histórico, ele dirige-se simultaneamente aos historiadores, em primeira linha aos conhecedores da época da estatalidade europeia e da passagem das faidas medievais para o Estado territorial soberano e a sua diferenciação entre Estado e sociedade. Neste contexto, tem de ser mencionado o nome de um grande historiador, Otto Brunner, que na sua obra precursora *Terra e Domínio* [*Land und Herrschaft*] (1.ª edição, 1939) trouxe uma importante verificação histórica do meu critério do político. Ele dedica também atenção a este pequeno escrito, mesmo que o registe apenas como um "ponto final", designadamente o ponto final do desenvolvimento de uma doutrina da razão de Estado. Ao mesmo tempo, levanta a objecção crítica de que este estabelece o inimigo e não o amigo como a marca conceptual autenticamente positiva.

Através da caracterização "ponto final", o escrito é remetido para a era imperialista e o seu autor classificado como um epígono de Max Weber. O modo como os meus conceitos se relacionam aos conceitos de uma doutrina do Estado e do direito das gentes tipicamente imperialista resulta com suficiente clareza da anotação 9, p. B33, que diz respeito a um produto típico desta era. A recriminação de um suposto primado do conceito de inimigo está geralmente espalhada e é um estereótipo. Ela ignora que qualquer movimento de um conceito jurídico emerge, com necessidade dialéctica, da negação. Na vida jurídica, como na teoria jurídica, a inclusão da negação **B15** é algo completamente diferente de um "primado" daquilo que é negado. Um processo como acção jurídica só pode ser pen-

36 | CARL SCHMITT

sado, em geral, se um direito for negado. Pena e direito penal põem não um acto, mas um delito* no seu início. Será que isso é uma concepção "positiva" do delito e um "primado" do crime? Independentemente disso, o historiador para quem a história não é apenas passado notará também o desafio concretamente actual da nossa elucidação do político, designadamente a confusa situação intermédia de conceitos jurídicos clássicos e revolucionários, e não confundirá o sentido da nossa resposta a este desafio. O desenvolvimento de guerra e inimigo que se pôs em marcha em 1939 conduziu a novos modos de guerra, mais intensivos, e a conceitos de paz completamente confusos, conduziu para a moderna guerra de guerrilha e revolucionária. Como se pode abarcar teoricamente tudo isso, se se afasta da consciência científica a realidade de que há inimizade entre os homens? Não podemos aprofundar aqui a discussão de tais questões; lembre-se apenas de que o desafio para o qual procuramos uma resposta não desapareceu entretanto, mas a sua força e a sua urgência incrementaram-se ainda de modo inesperado. Além disso, o segundo corolário acrescentado, de 1938, fornece uma visão de conjunto sobre a relação dos conceitos guerra e inimigo.

Mas não apenas juristas e historiadores se ocuparam com o conceito do político, também teólogos e filósofos significativos o fizeram. Para isso, seria exigível igualmente um relatório particularmente crítico para transmitir uma imagem meio completa. Neste âmbito emergem, com efeito, novas e extraordinárias dificuldades de compreensão mútua, de tal modo que se torna quase impossível um enquadramento convincente da problemática comum. O dito *Silete theologi!*, que um jurista do direito das gentes(**), no começo da época estatal, bradou aos teólogos de ambas as confissões, continua ainda a fazer efeito.

(*) Traduzimos por delito o termo *Untat*, o qual é, no alemão, a negação do acto, aquilo que nega o acto [*Tat*] que se constitui como objecto da prescrição ou do que seria expectável (*N. T.*).

(**) Schmitt refere-se a Albericus Gentilis, o qual, no século XVI, defendia que as questões teológicas não deveriam interferir em questões políticas, devendo os teólogos silenciar-se em questões que não lhes diziam respeito (*N. T.*).

O CONCEITO DO POLÍTICO | 37

A fragmentação das partes do trabalho da nossa doutrina e investigação em ciências do espírito confundiu a linguagem **B16** comum, e precisamente em conceitos como amigo e inimigo é quase indispensável uma *itio in partes.* A auto-consciência orgulhosa que falava a partir daquele *Silete!* no início da época estatal está a cair das mãos, em larga medida, dos juristas do seu fim. Muitos procuram hoje apoios e revalorizações num direito natural teológico-moral, ou mesmo em cláusulas gerais de uma filosofia dos valores. O positivismo legal do século XIX já não é suficiente, e o abuso dos conceitos de uma legalidade clássica é patente. O jurista do direito público vê-se – diante da teologia ou da filosofia, de um lado, e dos ajustamentos técnico-sociais, do outro – numa posição intermédia defensiva, na qual a intangibilidade autóctone da sua posição desaparece e o teor informativo das suas definições está ameaçado. Uma situação confusa desta espécie justificaria já unicamente por si a reimpressão de um escrito sobre o conceito do político que se tornou, desde há muitos anos, inacessível, para que um documento autêntico possa ser salvo de mitificações falsas e possa ser restituído um enunciado genuíno à sua determinação originária, informativa.

O justificado interesse pelo autêntico sentido literal de um enunciado é ainda muito mais válido para âmbitos extra--científicos, para o jornalismo diário e a esfera pública dos *mass media.* Neste âmbitos, tudo é adaptado aos fins mais imediatos do combate político do dia ou do consumo. Aqui torna-se simplesmente absurdo o esforço por um enquadramento científico. Neste meio, fez-se da primeira implantação cuidadosa de um campo conceptual uma palavra de ordem primitiva, uma chamada teoria do amigo-inimigo, que só se conhece por ouvir dizer e que se atira contra o partido contrário. Aqui, o autor nada mais pode fazer senão pôr o texto completo, tanto quanto possível, em segurança. De resto, ele tem de saber que os efeitos e consequências das suas publicações já não estão nas suas mãos. Os escritos pequenos, em particular, percorrem o seu próprio caminho, e aquilo que o seu autor autenticamente fez com eles "só o diz o dia seguinte".

B17 Prosseguimento da resposta

A situação de partida continua a durar e nenhum dos seus desafios está ultrapassado. A contradição entre o emprego oficial de conceitos clássicos e a realidade efectiva de metas e métodos revolucionários no plano mundial só se agudizou ainda mais. A reflexão sobre um desafio desta espécie não pode terminar e a tentativa de uma resposta tem de ser prosseguida. Como pode tal acontecer? O tempo dos sistemas passou. Quando a época da estatalidade europeia teve a sua grande ascensão, há trezentos anos, surgiram os sistemas de pensamento dominantes. Já não se pode hoje construir assim. Hoje já só é possível uma retrospectiva histórica que reflicta o grande tempo do *jus publicum Europaeum* e os seus conceitos de Estado e guerra e inimigo justo na consciência da sua sistematicidade. Tentei-a no meu livro sobre o *Nomos da Terra* (1950).

A outra possibilidade, contraposta a esta, seria o salto no aforismo. Enquanto jurista, este é-me impossível. No dilema entre sistema e aforismo só resta uma saída: manter o fenómeno à vista e testar as perguntas, que sempre de novo se levantam, de situações tumultuosas sempre novas pelos seus critérios. É desta maneira que cresce um conhecimento que se estende a outro, e surge uma série de corolários. Há já muitos deles, mas não seria prático sobrecarregar com eles a reimpressão de um escrito do ano de 1932. Apenas uma categoria muito particular de tais corolários, os quais transmitem uma visão de conjunto sobre as relações de um campo conceptual, entra aqui em consideração. Eles delineiam um campo conceptual no qual os conceitos se informam mutuamente através da sua posição no campo conceptual. Uma visão de conjunto desta espécie pode ser particularmente útil para o fim didáctico do escrito.

O texto reimpresso de 1932, enquanto documento, teve de ser apresentado inalterado, com todos os seus defeitos. O defeito principal encontra-se, objectivamente, em que as diferentes espécies de inimigo – inimigo convencional, real ou absoluto – não são separados e diferenciados com suficiente cla-

O CONCEITO DO POLÍTICO | 39

reza e precisão. Agradeço a um francês, Julien Freund, da Uni- **B18**
versidade de Estrasburgo, e a um americano, George Schwab,
da Universidade Columbia de Nova Iorque, a indicação destas
lacunas. A discussão do problema prossegue inexoravelmente
e leva-se a cabo um genuíno progresso na consciência. Pois
os novos tipos e os novos métodos de guerra, adequados ao
nosso tempo, obrigam a uma meditação sobre o fenómeno da
inimizade. Mostrei isso num exemplo particularmente actual e
agudo, num tratado autónomo sobre a "teoria do partisan"(*),
o qual apareceu ao mesmo tempo que esta reimpressão. Um
segundo exemplo, igualmente impressivo, é o que oferece a
chamada Guerra Fria.

Na guerra de guerrilha hodierna, tal como se desenvol-
veu primeiro na guerra chino-japonesa desde 1932, depois na
Segunda Guerra Mundial e, finalmente, depois de 1945, na
Indochina e em outras terras, ligam-se dois acontecimentos
contrapostos, duas espécies de guerra e de inimizade completamente diferentes: primeiro, uma resistência autóctone, defensiva na sua essência, que a população de uma terra contrapõe
à invasão estrangeira, e depois o apoio e controlo de uma tal
resistência por terceiras potências interessadas, agressivas no
plano mundial. O partisan, o qual era para a condução clássica
da guerra um mero "irregular", uma figura meramente mar-
ginal, tornou-se entretanto, se não uma figura central, certamente uma figura chave da condução da guerra revolucionária
no plano mundial. Recorde-se apenas a máxima clássica com a
qual o exército alemão-prussiano esperava derrotar os partisans:
a tropa combate o inimigo; os saqueadores são eliminados pela
polícia. Também na outra espécie moderna da guerra actual, na
chamada Guerra Fria, quebram-se todos os eixos conceptuais
que o sistema tradicional de delimitação e de circunscrição da
guerra até agora suportou. A Guerra Fria zomba de todas as
diferenciações clássicas entre guerra e paz e neutralidade, entre
política e economia, militar e civil, combatente e não-comba-

---

(*) Schmitt refere-se ao livro *Theorie des Partisanen* (Berlin: Duncker &
Humblot, 1963). Trad. port.: *Teoria da Guerrilha.* Lisboa: Arcádia, 1975 (*N. T.*).

40 | CARL SCHMITT

tente – apenas não da diferenciação entre amigo e inimigo, cuja consequência constitui a sua origem e a sua essência.

B19 Não é de admirar que a velha palavra inglesa *foe* acorde do seu torpor arcaico de quatrocentos anos e volte a estar em uso, junto de *enemy*, desde há duas décadas. Como seria também possível, numa era que produz meios de aniquilação nucleares e, ao mesmo tempo, apaga a diferenciação entre guerra e paz, manter uma reflexão sobre a diferenciação entre amigo e inimigo? O grande problema é, então, a limitação da guerra, e esta, se não estiver ligada em ambos os lados a uma relativização do inimigo, é ou um jogo cínico, a encenação de uma *dog fight*, ou uma auto-ilusão vazia.

O prefácio da reimpressão de um pequeno escrito não pode ter o sentido de tratar exaustivamente de tais problemas e de completar a manifesta incompletude de um texto que remonta a trinta anos; também não pode substituir um livro que está ainda por ser escrito. Um tal prefácio tem de se satisfazer com algumas alusões às causas que explicam o persistente interesse no escrito e aconselharam a sua reimpressão.

Março de 1963

Carl Schmitt

O Conceito do Político

(texto de 1932)

1.

O conceito de Estado pressupõe o conceito do político[1]. Estado é, segundo o uso da linguagem hodierna, o status político de um povo organizado numa unidade territorial[2]. Com isso, apenas é dada uma primeira circunscrição, e não uma determinação conceptual do Estado. Tal determinação também não é exigível aqui, onde se trata da essência do político. Podemos deixar em aberto aquilo que o Estado é segundo a sua essência, se uma máquina ou um organismo, uma pessoa ou uma instituição, uma sociedade ou uma comunidade, uma fábrica ou uma colmeia, ou talvez até uma "série de procedimentos". Todas estas definições e imagens antecipam demasiado no que toca à interpretação, à atribuição de sentido, à ilustração e à construção e não podem formar, por isso, um ponto de partida adequado para uma exposição simples e elementar. O Estado é, segundo o seu sentido literal e o seu fenómeno histórico, um estado particularmente específico de um

A194, B20

---

[1] As versões de A e de B começam assim; C suprimiu toda a parte inicial do texto.

[2] A: Estado é o status político de um povo.

42 | CARL SCHMITT

povo[3], o estado paradigmático num caso decisivo e, por isso, o status puro e simples, em contraposição aos muitos status individuais e colectivos que são pensáveis. Mais, de início, não se pode dizer. Todas as marcas desta representação – status e povo – adquirem o seu sentido através da subsequente marca do político e tornam-se incompreensíveis se a essência do político for mal compreendida. Raramente se encontrará uma definição clara do político. O termo, na maior parte das vezes[4], só é usado negativamente, em contraposição a diferentes outros conceitos, em antíteses como política e economia, política e moral, política e direito e, dentro do direito, novamente política e direito civil[1], etc. Através de tais[5] contraposições negativas, na maior parte das **B21** vezes[6] também polémicas, pode bem ser designado algo suficientemente claro, sempre de acordo com o contexto e a situação concreta[7], mas isso ainda não é uma determinação[8] daquilo que é específico. Em geral[9], "político" é, de alguma maneira, equiparado ao "estatal", ou, pelo menos, referido ao **A195** Estado[II]. O Estado aparece, então, como algo político, mas o

---

[3] O resto da frase não se encontra em A.

[4] A: frequentemente.

[1] A contraposição entre direito e política mistura-se facilmente com a contraposição entre direito civil e direito público, por exemplo Bluntschli, *Allgem. Staatsrecht* I (1868), p. 219: "A propriedade é um conceito de direito privado, não um conceito político". O significado político destas antíteses surge particularmente nos comentários sobre a expropriação do património das casas senhoriais que anteriormente governavam na Alemanha, em 1925 e 1926; como exemplo, mencione-se a seguinte frase do discurso do deputado Dietrich (sessão parlamentar de 2 de Dezembro de 1925, transcrição 4717): "Somos da opinião de que se trata aqui, em geral, não de questões de direito civil, mas unicamente de questões políticas" (Muito bem! Nos democratas e na esquerda).

[5] A: semelhantes.

[6] A: frequentemente

[7] "e a situação concreta" acrescentado em B.

[8] A: determinação universal.

[9] A: Na maior parte das vezes.

[II] Também nas definições do político que exploram o conceito do "poder" como característica decisiva este poder aparece quase sempre como poder estatal, por exemplo, em Max Weber: anseio de participação no poder

O CONCEITO DO POLÍTICO | 43

político como algo estatal – manifestamente, um círculo insatisfatório[10].

Na literatura jurídica especializada, encontram-se muitas circunscrições semelhantes do político[11], mas que, na medida em que não tenham um sentido polémico-político, só se podem compreender a partir do interesse prático-técnico da decisão jurídica ou administrativa de casos singulares. Elas recebem, então, o seu significado ao pressuporem como não problemático um Estado existente em cujo quadro se movimentam[12]. **B22** Há assim, por exemplo, uma jurisprudência e uma literatura em relação ao conceito de "associação política" ou de "assembleia política" no direito das associações(III); além disso, a prática do

---

ou de influência na repartição do poder, seja entre os Estados, seja dentro do Estado entre os grupos humanos que ele abarca; ou "a direcção e influência de uma associação política, ou seja, hoje, de um Estado" (*Politik als Beruf* [*Política como Profissão*], 2.ª edição, 1926, p. 7); ou (*Parlament und Regierung im neugeordneten Deutschland*, 1918, p. 51): "A essência da política é, como ainda se acentuará frequentemente: combate, competição pelos cidadãos e por um séquito voluntário". H. Triepel (*Staatsrecht und Politik*, 1927, p. 16) diz: "Compreendeu-se ainda há poucas décadas por política pura e simplesmente a doutrina do Estado... Assim Waitz designa a política como a elucidação científica das relações do Estado com remissão tanto ao desenvolvimento histórico dos Estados em geral como aos estados e necessidades estatais do presente". Triepel critica, então, com boas e compreensíveis razões o modo de consideração supostamente não-político, "puramente" ligado à ciência jurídica, da Escola Gerber-Laband, e a tentativa do seu prosseguimento no tempo do pós-guerra (Kelsen). No entanto, Triepel não reconheceu ainda o sentido puramente político desta pretensão de uma "pureza não política", pois mantém-se fixo na equiparação político = estatal. Na verdade, como ainda se mostrará mais frequentemente adiante, que se estabeleça o opositor como político e a si mesmo como não político (isto é, aqui, como científico, justo, objectivo, apartidário, etc.) é uma maneira típica e particularmente intensiva de fazer política.

[10] No texto de A, não se faz parágrafo.

[11] A: numerosas circunscrições do político.

[12] Frase que não consta em A.

(III) Segundo o § 3, ponto 1, da Lei das Associações do Reich Alemão, de 19 de Abril de 1908, é uma associação política "qualquer associação que almeje ter uma intervenção em questões políticas". As questões políticas são, então, na prática, designadas habitualmente como questões que se referem à manutenção ou à alteração da organização estatal ou à influência das funções do

44 | CARL SCHMITT

direito administrativo francês procurou estabelecer um conceito do motivo político ("mobile politique") com a ajuda do qual os actos governativos "políticos" ("actes de gouvernement") devem ser diferenciados dos actos administrativos "não políticos" e subtraídos aos controlos dos tribunais administrativos([IV]) [[13]].

Estado ou das corporações público-jurídicas nele integradas. Em tais e semelhantes descrições, passam umas para as outras questões políticas, estatais e públicas. Até 1906 (juízo do Tribunal de Recurso de 12 de Fevereiro de 1906, Johow, vol. 31 C. 32-34), a prática na Prússia tratava também, debaixo da regulação de 13 de Março de 1850 (GesS., p. 277), de toda a actividade de associações eclesiásticas e religiosas sem qualidades de corporação, mesmo das horas de edificação religiosa enquanto interferência em questões públicas ou elucidação de tais questões; sobre o desenvolvimento desta prática, cf. H. Geffcken, "Öffentliche Angelegenheit, politischer Gegenstand und politischer Verein nach preußischem Recht", *Festschrift für E. Friedberg*, 1908, pp. 287 ss.. No reconhecimento judiciário do carácter não estatal de questões religiosas, culturais, sociais e outras encontra-se um indício muito importante, e até decisivo, de que aqui determinados âmbitos de coisas, enquanto esferas de influência e de interesse de determinados grupos e organizações, são subtraídos ao Estado e ao seu domínio. No modo de expressão do século XIX, isso quer dizer que a "sociedade" se contrapõe autonomamente ao "Estado". Se, pois, a teoria do Estado, a ciência jurídica, mantém o modo de falar dominante de que político é = estatal, dá-se então a conclusão (logicamente impossível, mas, na prática, aparentemente inevitável) de que tudo aquilo que é não-estatal, portanto, "tudo aquilo que é social", é, em consequência disso, não político! Isso é, em parte, um erro ingénuo, que contém toda uma série de ilustrações particularmente passíveis de serem intuídas da doutrina de V. Pareto acerca dos resíduos e das derivações (*Traité de Sociologie générale*, edição francesa, 1917 e 1919, I, p. 450 ss., II, p. 785 ss.); mas em parte, numa ligação que quase não se pode diferenciar com aquele erro, um meio táctico que, na prática, é muito utilizável, supremamente eficaz, no combate intra-político com o Estado existente e o seu tipo de ordem.

([IV]) Jèze, *Les principes généraux du droit administratif,* I, 3.ª edição, 1925, p. 392, para quem toda a diferenciação é apenas uma questão de "opportunité politique". Além dele: R. Alibert, *Le controle juridictionnel de l'administration,* Paris, 1926, pp. 70 ss.. Subsequente literatura em Smend, "Die politische Gewalt im Verfassungsstaat und das Problem der Staatsform", *Festschrift für Kahl,* Tübingen, 1923, p. 16; além disso, *Verfassung und Verfassungsrecht,* p. 103, 133, 154 e o relatório nas publicações do *Institut International de Droit Public,* 1930; aí também os relatórios de R. Laun e P. Duez. Do relatório de Duez (p. 11)

O CONCEITO DO POLÍTICO | 45

Semelhantes determinações, que vão ao encontro das neces- **B23**
sidades da prática jurídica[14], procuram, no fundo, apenas um **A196**
manuseio prático para a delimitação de diferentes situações
de facto; elas não têm por fim nenhuma definição universal
do político em geral. Daí que surjam com a sua referência ao
Estado e ao estatal, enquanto o Estado e as instituições pude-
rem ser pressupostos como algo óbvio e seguro. Também as
determinações conceptuais universais do político, que nada
contêm senão uma evocação ou uma remissão ao Estado, são

---

retenho uma definição do *acte de gouvernement* especificamente político, particularmente interessante para o critério do político aqui estabelecido (orientação amigo-inimigo), que Dufour ("à l'époque le grand constructeur de la
théorie des actes de gouvernement"), *Traité de Droit administratif appliqué*, t. V,
p. 128, estabeleceu: "ce que fait l'acte de gouvernement, c'est le but que se
propose l'auteur. L'acte qui a pour but la défense de la société prise en elle-
-même ou personnifiée dans le gouvernement, contre ses ennemis intérieurs
ou extérieurs, avoués ou cachés, présents ou à venir, voilà l'acte de gouvernement". A diferenciação entre "actes de gouvernement" e "actes de simple administration" adquire um posterior significado quando, em Junho de 1851, na
Assembleia Nacional Francesa, a responsabilidade parlamentar do Presidente
da República foi elucidada e o Presidente quis assumir ele mesmo a responsabilidade autenticamente *política*, isto é, a responsabilidade por *actos de governo*,
cf. Esmein-Nézard, *Droit constitutionnel*, 7.ª edição, I, p. 234. Semelhantes diferenciações no comentário da autorização de um "ministério dos negócios"
segundo o art. 59º, 2, da Constituição Prussiana, por ocasião da questão sobre
se o Ministério dos Negócios poderia resolver apenas os negócios "correntes"
no sentido dos negócios políticos; cf. Stier-Somlo, ArchöffR. Vo. 9 (1925),
p. 233; L. Waldecker, *Kommentar zur Preuß. Verfassung*, 2.ª edição, 1928, p. 167,
e a decisão do Supremo Tribunal do Reich Alemão de 21 de Novembro de
1925 (RGZ. apêndice, p. 25). Aqui renuncia-se finalmente a uma diferenciação
entre negócios correntes (não políticos) e outros negócios (políticos). É na
contraposição entre negócios correntes (= administração) e política que se
baseia o ensaio de A. Schäffle, "Über den wissenschaflichen Begriff der Politik",
Zeitschr. f. d. ges. Staatswissenschaft, vol. 53 (1897); Karl Mannheim, *Ideologie und
Utopie*, Bona, 1929, p. 71 ss., assumiu esta contraposição como "ponto de partida orientador". De tipo semelhante são diferenciações como: a lei (ou o
direito) é política que se cristalizou, a política é lei (ou direito) em devir, uma
é estática, a outra dinâmica, etc..

[13] No texto de A, não se faz parágrafo.

[14] A: Tais conceitos, surgidos a partir das necessidades da prática jurídica...

46 | CARL SCHMITT

compreensível e, nessa medida, também cientificamente correctas enquanto o Estado for, efetivamente, uma grandeza clara, inequivocamente determinada, e se contrapuser a grupos e assuntos não-estatais, precisamente por isso "não políticos", ou seja, enquanto o Estado tiver o monopólio do político[15]. Isso **B24** era o caso quando o Estado ou (como no século XVIII) não reconhecia qualquer "sociedade" como adversário ou, pelo menos, (como na Alemanha durante o século XIX e até ao século XX) estava *acima* da "sociedade" como um poder estável e diferenciável.

Ao invés, a equiparação estatal = político torna-se incorrecta e indutora em erro à medida que Estado e sociedade se penetram mutuamente, tornando sociais todos os assuntos que até agora eram estatais e, ao contrário, tornando estatais todos os assuntos que até agora eram "apenas" sociais, tal como ocorre, de modo necessário, numa comunidade organizada democraticamente. Então, os âmbitos que até agora eram "neutrais" – religião, cultura, formação, economia – deixam de ser "neutrais" no sentido de não-estatais e não-políticos. Enquanto contra-conceito polémico contra tais neutralizações e despolitizações de importantes âmbitos de coisas aparece o Estado *total* da identidade entre Estado e sociedade, o qual não é desinteressado em relação a nenhum âmbito de coisas e agarra potencialmente qualquer âmbito. Consequentemente, nele, *tudo* é político, pelo menos segundo a possibilidade, e a referência ao Estado já não está apta a fundar uma marca específica de diferenciação do "político".

---

[15] O texto de A encerra a secção 1 desta maneira: "Daí que elas surjam com a sua referência ao Estado e ao estatal em geral e possam pressupor o Estado e as instituições estatais como grandezas conhecidas. Mas também as determinações conceptuais universais do político nas quais se remete para o Estado são compreensíveis e também cientificamente correctas enquanto o Estado puder ser pressuposto como uma grandeza clara e determinada, ao passo que hoje, de facto, tanto o conceito de Estado como também a sua realidade efectiva se tornaram problemáticos."

O CONCEITO DO POLÍTICO | 47

O desenvolvimento vai do Estado absoluto do século XVIII, por sobre o Estado neutral (não-intervencionista) do século XIX, até ao Estado total do século XX, cf. Carl Schmitt. *O Guardião da Constituição*. Tübingen, 1931, pp. 78-79. A democracia tem de revogar todas as diferenciações e despolitizações típicas do século XIX liberal e eliminar, com a contraposição Estado – sociedade (= político contra social), também as contraposições e separações correspondentes à situação do século XIX, nomeadamente as seguintes:

religioso (confessional) como contraposto a político
cultural... como contraposto a político
económico... como contraposto a político
jurídico... como contraposto a político
científico... como contraposto a político

e muitas outras antíteses, completamente polémicas e, por isso, também elas mesmas novamente políticas. Os pensadores mais profundos do século XIX cedo o reconheceram. Nas *Considerações de História Universal* (do tempo em torno de 1870), de Jacob Burckhardt, encontram-se as frases seguintes sobre a "democracia, isto é, uma mundividência formada a partir da convergência de milhares de fontes diferentes, extremamente diferente consoante o nível dos seus defensores, mas que é consequente *numa coisa*: na medida em que para ela o poder do Estado sobre os indivíduos nunca pode ser suficientemente grande, de tal modo que ela *dissolve as fronteiras entre Estado e sociedade*, reclama para o Estado tudo aquilo que a sociedade previsivelmente não fará, mas quer manter *tudo* constantemente *discutível* e *movimentável* e, por fim, reivindica para castas singulares um direito especial ao trabalho e à subsistência". Burckhardt também notou a contradição intrínseca entre democracia e Estado constitucional liberal: "O Estado deve ser, então, por um lado, a realização e a expressão da ideia de cultura de cada partido; por outro lado, deve ser apenas o revestimento visível da vida burguesa e só ser omnipotente *ad hoc!* Ele deve *poder* tudo aquilo que é possível, mas já nada lhe deve *ser permitido*, nomeadamente não lhe é permitido defender a sua forma existente contra qualquer crise – e, finalmente, querer-se-á sobretudo voltar a participar do seu exercício do poder. Assim, a forma do Estado torna-se cada vez mais discutível e a *delimitação* do poder cada vez maior" (ed. Kröner, p. 133, 135, 197).

B25

48 | CARL SCHMITT

A doutrina do Estado alemã, à partida, ainda se apegou (sob a influência do sistema da filosofia do Estado de Hegel) a que o Estado era, em relação à sociedade, qualitativamente diferente e algo mais elevado. Um Estado que está acima da sociedade podia ser chamado universal, mas não total no sentido hodierno, designadamente no sentido da negação polémica do Estado neutral (em relação à cultura e à economia) para o qual a economia e o seu direito era válida como algo *eo ipso* apolítico. No entanto, a diferenciação qualitativa entre Estado e sociedade, à qual Lorenz von Stein e Rudolf Gneist ainda se atinham, perde, depois de 1848, a sua anterior clareza. O desenvolvimento da doutrina do Estado alemã, cujas linhas fundamentais estão apontadas no meu opúsculo *Hugo Preuss: o seu conceito de Estado e a sua posição na doutrina do Estado alemã* (Tübingen, 1930), segue finalmente, com muitas limitações, reservas e compromissos, o desenvolvimento histórico em direcção à identidade democrática entre Estado e sociedade.

Um interessante estádio intermediário nacional-liberal deste caminho é reconhecível em A. Haenel; ele menciona (nos seus *Estudos para a doutrina do Estado alemã II*, 1888, p. 219, e na *Doutrina do Estado alemã I*, 1892, p. 110) um "erro flagrante de universalizar o conceito de Estado como conceito da sociedade humana em geral"; ele vê no Estado "uma organização social de tipo particular" que se acrescenta às outras organizações sociais, mas que "se eleva acima destas e as resume", cujo fim comum é certamente "universal", mas apenas na tarefa *particular* da delimitação e do ordenamento conjunto das forças de vontade socialmente actuantes, isto é, na função específica do *direito*; de igual modo, a opinião segundo a qual o Estado tem também como seu fim, pelo menos na sua *potência*, todos os fins sociais da humanidade é designada explicitamente por Haenel como incorrecta; portanto, o Estado é para ele universal, mas de modo nenhum total. O passo decisivo encontra-se na teoria das corporações de Gierke (o primeiro volume do seu *Direito Corporativo Alemão* apareceu em 1868), porque ela concebe o Estado como uma corporação *essencialmente igual* às outras associações. É certo que, juntamente com os elementos corporativos, também devem fazer parte do Estado elementos relativos ao domínio, e são acentuados de modo ora mais forte ora mais fraco. Mas como se tratava, precisamente, de uma teoria das corporações, e não de uma teoria do domínio do Estado, não

O CONCEITO DO POLÍTICO | 49

se podiam rejeitar as consequências democráticas. Na Alemanha, foram traçadas por Hugo Preuss e K. Wolzendorff, enquanto na Inglaterra conduziram para teorias pluralistas (acerca disso, acima p. B40).

A doutrina da integração do Estado de Rudolf Smend parece- **B26** -me corresponder, salvo subsequentes explanações, a uma situação política na qual a sociedade já não é integrada dentro de um Estado existente (como a burguesia alemã o era no Estado monárquico do século XIX), mas a sociedade se deve integrar a ela mesma como Estado. É na nota de Smend (*Constituição e Direito Constitucional*, 1928, p. 97, nota 2) a uma frase da dissertação de H. Trescher sobre Montesquieu e Hegel (1918), onde é dito acerca da doutrina da repartição dos poderes de Hegel que ela significa "a mais viva penetração de *todas* as esferas sociais pelo Estado para um fim universal, a fim de adquirir *todas* as forças vitais do corpo popular para o todo do Estado", que mais claramente se expressa que esta situação exige o Estado total. Smend anota sobre isso que tal é "exactamente o conceito de integração" do seu livro sobre a constituição. Na realidade, é o Estado total, que já não conhece nada que seja absolutamente apolítico, que tem de eliminar as despolitizações do século XIX e põe um fim ao axioma da economia (apolítica) livre do Estado e do Estado livre da economia.

2.

Uma determinação conceptual do político só através da descoberta e da verificação das categorias especificamente políticas pode ser adquirida. Designadamente, o político tem os seus critérios próprios, os quais se tornam actuantes, de um modo peculiar, em relação aos diferentes âmbitos de coisas, relativamente autónomos, do pensar e do agir humanos, em particular em relação ao moral, ao estético, ao económico. Daí que o político se tenha de encontrar em diferenciações últimas que lhe são próprias, às quais se pode reconduzir todo

50 | CARL SCHMITT

o agir político em sentido específico[16]. Assumamos que, no âmbito do moral, as diferenciações últimas são bom e mau; no estético, belo e feio; no económico, útil e nocivo ou, por exemplo, rentável e não-rentável. A questão é, então, se também há uma diferenciação particular, certamente não semelhante nem análoga àquelas outras diferenciações, mas, no entanto, uma diferenciação independente em relação a elas, autónoma e, enquanto tal, elucidativa sem mais enquanto critério simples do político, e em que é que ela consiste.

C7 [17][18]A diferenciação especificamente política, à qual se podem reconduzir as acções e os motivos políticos, é a diferen-

---

[16] A: Uma determinação conceptual do político só através da descoberta e da verificação das categorias especificamente pode ser adquirida. Designadamente, o político está autonomamente como âmbito próprio junto de outros âmbitos relativamente autónomos do pensar e agir humanos, junto do moral, do estético, do económico, etc., cuja enumeração exaustiva não é aqui necessária. Daí que o político tenha de ter as suas diferenciações próprias, relativamente autónomas, relativamente últimas, às quais se pode reconduzir todo o agir político em sentido específico.

[17] A: A diferenciação especificamente política, à qual se podem reconduzir as acções e os motivos políticos, é a diferenciação entre *amigo* e *inimigo*. Ela corresponde para o âmbito do político às contraposições relativamente autónomas de outros âmbitos: bem e mal, no moral; belo e feio, no estético, etc.. Ela é autónoma, isto é, não é derivável nem é reconduzível a alguma destas ou de outras contraposições. Por pouco que a contraposição entre bem e mal não seja simplesmente idêntica, sem mais, com a contraposição entre belo e feio ou entre útil e nocivo, e não lhe possa ser imediatamente reduzida, muito menos a contraposição entre amigo e inimigo pode ser confundida ou misturada com uma daquelas outras contraposições. A diferenciação entre amigo e inimigo pode existir em teoria e na prática sem que, ao mesmo tempo, sejam aplicadas diferenciações morais, estéticas, económicas ou outras. O inimigo político não precisa de ser moralmente mau...

[18] Começo de C, secção 1: A diferenciação autenticamente *política* é a diferenciação entre *amigo* e *inimigo*. Ela fornece às acções e aos motivos humanos o seu sentido político; a ela são reconduzidos, em última análise, todas as acções e motivos políticos. Ela possibilita, consequentemente, também uma determinação conceptual no sentido de uma marca caracterizadora, de um critério. Na medida em que não é derivável de outras marcas, ela corresponde, para o político, às marcas relativamente autónomas de outras contraposições: bem e mal, no moral; belo e feio, no estético, útil e nocivo, no económico. Em cada caso, ela é *autónoma* não no sentido de um âmbito de coisas próprio e novo, semelhante ao moral e por

O CONCEITO DO POLÍTICO | 51

ciação entre *amigo* e *inimigo*. Ela fornece uma determinação conceptual no sentido de um critério, não como uma definição definitiva ou um resumo. Na medida em que não é derivável de outros critérios, ela corresponde, para o político, aos crité- **B27** rios relativamente autónomos de outras contraposições: bem e mal, no moral; belo e feio, no estético, etc.. Em cada caso, ela é autónoma não no sentido de um âmbito de coisas próprio e novo, mas de maneira que ela não pode nem ser fundada em alguma daquelas ou de outras contraposições, nem pode ser reconduzida a elas. Se a contraposição entre bem e mal não é simplesmente idêntica, sem mais, à contraposição entre belo e feio ou entre útil e nocivo, e não lhe pode ser imediatamente reduzida, muito menos a contraposição entre amigo e inimigo pode ser confundida ou misturada com uma daquelas outras contraposições. [19]A diferenciação entre amigo e inimigo tem o sentido de designar o mais extremo grau de intensidade de uma ligação ou separação, de uma associação ou dissociação; ela pode existir em teoria e na prática sem que, ao mesmo tempo, tenham de ser aplicadas todas aquelas diferenciações morais, estéticas, económicas ou outras. O inimigo político não **A197** precisa de ser moralmente mau, não precisa de ser estetica- **C8** mente feio; não tem de surgir como concorrente económico e até talvez possa parecer vantajoso fazer negócios com ele. Ele [20]é, precisamente, o outro, o estrangeiro, e é suficiente, para

---

aí adiante, mas de maneira que ela não pode nem ser fundada em alguma daquelas ou de outras contraposições, nem pode ser reconduzida a elas, nem pode ser negada ou refutada por elas. Se mesmo as contraposições entre bem e mal, belo e feio ou entre útil e nocivo não são simplesmente as mesmas, sem mais, e não são reconduzíveis umas às outras imediatamente, muito menos a contraposição entre amigo e inimigo, muito mais profunda, pode ser confundida ou misturada com uma daquelas outras contraposições.

[19] O texto C abre parágrafo e começa: "A diferenciação entre amigo e inimigo designa a mais extrema intensidade de uma ligação ou separação. Ela pode existir em teoria e na prática...

[20] Até à frase que começa "Na realidade psicológica...", presente no próximo parágrafo, C apresenta a seguinte redacção alternativa: "Mas ele permanece um *outro*, um *estranho*. A possibilidade de relações especificamente políticas é dada

a sua essência, que ele seja existencialmente, num sentido particularmente intensivo, algo outro e estrangeiro, de tal modo que[21], em caso extremo, sejam possíveis conflitos com ele que não possam ser decididos nem por uma normatização geral, que possa ser encontrada previamente, nem pela sentença de um terceiro "não participante" e, portanto, "apartidário".

A possibilidade de um conhecimento e de uma compreensão correctos e, com isso, também a autorização de ter algo a dizer e de julgar é aqui dada apenas através da participação existencial e de um tomar partido. Só os próprios participantes podem constituir eles mesmos entre si o caso extremo de conflito; nomeadamente, só cada um deles pode ele mesmo decidir se o ser outro do estrangeiro, no caso de conflito que

por não haverem apenas amigos – semelhantes e associados – mas também inimigos. O inimigo é, num sentido particularmente intensivo, *existencialmente* um outro e um estranho, com quem, em caso extremo, são possíveis *conflitos existenciais*. Conflitos deste tipo não podem ser decididos nem por uma normatização geral, que possa ser encontrada previamente, nem pela sentença de um terceiro "não participante" e, portanto, "apartidário". Nem a questão sobre se está dado o "caso extremo", nem a questão subsequente, sobre o que se torna necessário à vida como "meio mais extremo" para defender a própria existência e salvaguardar o próprio ser – *in suo esse perseverare* –, poderia ser decidida por um estranho. O estrangeiro e aquele que é de outra espécie bem pode oferecer-se de modo rigorosamente "crítico", "objectivo", "neutral", "puramente científico", e imiscuir o seu juízo estrangeiro sob semelhantes dissimulações. A sua "objectividade" é ou apenas uma *dissimulação* política ou a completa *ausência de relação*, que falha tudo o que é essencial. Nas decisões políticas, a simples possibilidade de um conhecimento e de uma compreensão correctos e, com isso, também a autorização de ter algo a dizer e de julgar repousam elas mesmas apenas na *participação* existencial e no tomar partido, apenas na *participatio* genuína. Daí que só os próprios participantes possam constituir *eles mesmos* entre si o caso extremo de conflito; nomeadamente, só cada um deles pode *ele mesmo* decidir se o ser outro do estrangeiro, no caso de conflito que concretamente se lhe depara, significa a negação do tipo próprio de existência e se, por isso, tem de ser repelido e combatido para salvar o tipo de vida próprio, adequado ao seu ser."

[21] Até à frase que começa "Na realidade psicológica...", presente no próximo parágrafo, A continua assim: "... de tal modo que, em caso de conflito, signifique a negação do tipo próprio de existência e, por isso, é repelido e combatido para salvaguardar o tipo de vida próprio, adequado ao seu ser."

O CONCEITO DO POLÍTICO | 53

concretamente se lhe depara, significa a negação do tipo próprio de existência e, por isso, é repelido e combatido para salvaguardar o tipo de vida próprio, adequado ao seu ser. [22] [23] Na realidade psicológica, o inimigo é tratado facilmente como mau **B28** e feio, porque qualquer diferenciação e agrupamento, sobretudo, naturalmente, a diferenciação e agrupamento político enquanto o mais forte e intensivo, convoca em seu apoio todas as outras diferenciações utilizáveis. Isso nada altera na auto- **C9** nomia [24] de tais contraposições. Consequentemente, é válido também o contrário: aquilo que é moralmente mau, esteticamente feio e economicamente prejudicial ainda não precisa, por isso, de ser inimigo; aquilo que é moralmente bom, esteticamente belo e economicamente útil ainda não se torna amigo no sentido específico, isto é, político da palavra. A objectualidade e a autonomia do político, conforme ao ser, [25] mostra-se já nesta possibilidade de separar de outras diferenciações uma contraposição específica deste tipo, como amigo-inimigo, e de concebê-la como algo autónomo.

---

[22] Retoma-se a redacção de A: "Na realidade psicológica, o inimigo é tratado facilmente como mau e feio, porque o político, como qualquer âmbito autónomo da vida humana, convoca de bom grado em seu apoio as diferenciações dos outros âmbitos. Isso nada altera na autonomia..."

[23] Depois da redacção alternativa, C abre com esta passagem o parágrafo seguinte ligeiramente alterado: "Na realidade psicológica, o inimigo é tratado facilmente como mau e feio, porque qualquer diferenciação e agrupamento, sobretudo, naturalmente, a diferenciação e agrupamento político enquanto mais forte e intensivo, convoca e utiliza como ajuda, para a sua justificação e fundamentação consciente, todas as outras diferenciações possíveis."

[24] C: e no carácter paradigmático

[25] C: A autonomia do político mostra-se já...

3. [26]

Os conceitos amigo e inimigo são para tomar no seu sentido concreto, existencial, e não como metáforas ou símbolos, não misturados e lavados através de representações económicas, morais e outras, muito menos psicologicamente, num sentido privado-individualista, como expressão de sentimentos e tendências privados. Eles não são contraposições normativas e "puramente espirituais"[27]. O liberalismo[28] procurou, num dilema que para ele é típico (a tratar em 8[29] de forma mais detalhada) entre espírito e económico, dissolver o inimigo, dissolvendo--o num concorrente, do lado dos negócios, e num opositor na discussão, do lado do espírito. No domínio do económico não há, aliás, quaisquer inimigos, mas apenas concorrentes, e num mundo completamente moralizado e eticizado talvez já só haja opositores na discussão[30]. Se se tem ou não por lamentável, se se acha talvez um resíduo atávico de tempos bárbaros que os povos se agrupem ainda, realmente, segundo amigo e inimigo[31], [32]se se espera que a diferenciação venha um dia a desaparecer da Terra, se é talvez bom e correcto fingir, por razões educativas, que já não haja[33] mais nenhuns inimigos,

[26] C: 2
[27] C: Os termos amigo e inimigo são para tomar aqui no seu sentido concreto, existencial, e não como modos de falar simbólicos ou alegóricos, não misturados e lavados através de representações económicas, morais e outras, muito menos psicologicamente, num sentido privado-individualista, como expressão de sentimentos e tendências privados. Eles são de tipo espiritual, como toda a existência do homem, mas não são contraposições "normativas" e "puramente espirituais.

[28] A apresenta das frases seguintes uma formulação mais simples: "O liberalismo (como abaixo se mostrará de forma mais detalhada) transformou o inimigo num concorrente, do lado dos negócios, e num opositor na discussão, do lado ético. Mas inimigo é outra coisa. Se isso se tem ou não por repreensível..."

[29] C: 9
[30] C: que falem de tudo entre si.
[31] A: que os homens se diferenciem ainda segundo amigo e inimigo
[32] A: ou se se...
[33] A: em geral

O CONCEITO DO POLÍTICO | 55

nada disso entra aqui em consideração[34]. Não se trata aqui de ficções e de normatividades, mas da realidade, conforme ao ser, e da possibilidade real desta diferenciação. É possível partilhar ou não aquelas esperanças[35] e aqueles esforços educativos; mas não se pode negar racionalmente[36] que os povos[37] se agrupam segundo a contraposição entre amigo e inimigo, que esta contraposição ainda hoje é real e está dada como uma possibilidade real para qualquer povo politicamente existente. O inimigo não é, portanto, o concorrente ou o opositor em geral. O inimigo também não é o opositor privado que se odeia com sentimentos de antipatia[38][39]. O inimigo é, apenas, uma

B29, C10

A198

---

[34] C: Pode-se ter isso por lamentável e achar apenas um resíduo atávico de tempos bárbaros que os povos se agrupem ainda, realmente, segundo amigo e inimigo; pode-se esperar que a diferenciação venha um dia a desaparecer completamente da Terra; pode-se achar mais apropriado e correcto, por razões educativas ou tácticas, calar-se sobre tais coisas desagradáveis e fazer como se já não houvesse mais nenhuns inimigos – nada disso entra aqui em consideração.

[35] C: de progresso

[36] C: honesta e racionalmente

[37] A: até hoje

[38] A: O inimigo também não é o opositor privado que se odeia.

[39] C: O inimigo também não é o adversário, o "antagonista" no torneio sangrento do "Agon"(*). O inimigo é menos que tudo um qualquer opositor privado que se odeia com sentimentos de antipatia (**).

(*) A. Baeumler interpreta o conceito de combate de Nietzsche e de Heraclito orientando-o completamente para o "agonal". Questão: no Walhall, de onde vêm os inimigos? H. Schaefer, *Forma de Estado e Política* (1932), aponta para o "fundamental carácter agonal" da vida grega; mesmo no confronto sangrento entre gregos e gregos o combate era apenas "Agon", o opositor apenas "antagonista", adversário ou competidor, não inimigo, e a finalização da competição também não era, em consequência disso, um fazer a paz (εἰρήνη). Isso só termina com a Guerra do Peloponeso, quando se quebrou a unidade política dos helenos. A grande contraposição metafísica entre o pensar *agonal* e *político* surge em qualquer discussão mais profunda da guerra. Dos tempos mais recentes, gostaria aqui de mencionar a grandiosa polémica entre Ernst Jünger e Paul Adams (Deuschland--Sender, 1 de Fevereiro de 1933) que, esperemos, em breve também poderá ser lida impressa. Aqui, Ernst Jünger defendeu o princípio agonal ("o homem não está inclinado para a paz"), enquanto Paul Adams via o sentido da guerra na introdução do domínio, da ordem e da paz.

(**) O "Hino de Ódio à Inglaterra", composto e difundido na Alemanha, em 1914, durante a Guerra Mundial, não vem nem de um soldado alemão nem de um político alemão.

56 | CARL SCHMITT

totalidade de homens pelo menos eventualmente *combatente*, isto é, combatente segundo uma possibilidade real, a qual se contrapõe a uma totalidade semelhante. O inimigo é apenas o inimigo *público*, pois tudo aquilo que tem relação com uma tal totalidade de homens[40], em particular com todo um povo, se torna por isso *público*. O inimigo é *hostis*, não *inimicus* em C11 sentido mais amplo; πολέμιος, não ἐχθρός(V). A língua alemã, como também outras línguas, não diferencia entre o "inimigo" privado e o "inimigo" político, de tal modo que são aqui possíveis muitos equívocos e falsificações. A passagem muito citada "amai os vossos inimigos" (Mateus 5,44; Lucas 6, 27) diz "diligite *inimicos* vestros", ἀγαπᾶτε τοὺς ἐχθροὺς ὑμῶν, e *não*: diligite *hostes* vestros; não é do inimigo político que se fala. Também[41] no combate milenar entre a cristandade e o islão nunca um cristão chegou ao pensamento de que, por amor aos sarracenos ou aos turcos, se tinha de entregar a Europa ao islão, em vez de

---

[40] C: totalidade combatente de homens que se leva a cabo.

(V) Em Platão, *República*, Livro V, Cap. XVI, 470, a contraposição entre πολέμιος e ἐχθρός é acentuada muito fortemente, mas ligada com a outra contraposição entre πόλεμος (guerra) e στάσις (tumulto, levantamento, rebelião, guerra civil). Para Platão, só uma guerra entre helenos e bárbaros (que são "inimigos por natureza") é realmente guerra, enquanto que, para ele, os combates entre helenos são στάσεις (na tradução da *Philosophische Bibliothek*, vol. 80, p. 208, traduzida por Otto Apelt como "discórdia") [N. T.: na tradução portuguesa de Maria Helena da Rocha Pereira, ed. Gulbenkian, στάσις é traduzida por "sedição"; cf. *República*, 470b]. Aqui está actuante o pensamento de que um povo não pode fazer guerra contra si mesmo e que uma "guerra civil" apenas significa um auto-dilaceramento, mas não talvez a formação de um novo Estado ou mesmo de um povo. Para o conceito *hostis* são, na maior parte das vezes, citadas as passagens de *Digest*, 50, 16, 118 de Pompónio. A definição mais clara encontra-se, com maior documentação, no *Lexicon totius Latinitatis*, de Forcellini, III, 320 e 511: *Hostis is est cum quo publice bellum habemus... in quo ab* inimico *differt, qui est is, quocum habemus privata odia. Distingui etiam sic possunt, ut inimicus sit qui nos odit; hostis qui oppugnat.* [N. T.: trad. *Hostis* é aquele com quem temos uma guerra pública... no que difere do *inimicus*, que é aquele com quem temos ódios privados. Podem também distinguir--se assim, de tal modo que o *inimicus* seja quem nos odeia; o *hostis* quem se nos opõe.]

[41] C: Aliás, tanto quanto sei, no combate milenar...

O CONCEITO DO POLÍTICO | 57

defendê-la[42]. Não é preciso odiar pessoalmente[43] o inimigo
em sentido político e só na esfera do privado faz sentido amar o **B30**
seu "inimigo"[44], isto é, o seu opositor. Aquela passagem bíblica
toca tanto menos a contraposição política quanto mais quer
destacar as contraposições entre bem e mal ou entre belo e feio.
Sobretudo ela não quer dizer[45] que se deve amar os inimigos
do seu povo e apoiá-los contra o seu próprio povo[46].[47]
A contraposição política é a contraposição mais intensiva
e extrema, e qualquer carácter concreto de contraposição é
tanto mais político quanto mais se aproximar do ponto mais
extremo, do agrupamento amigo-inimigo.[48] *No interior* do
Estado enquanto unidade política organizada, a qual, como

---

[42] Frase ausente em A
[43] C: privada e pessoalmente
[44] Sem aspas em A
[45] A: Ela de modo nenhum quer dizer
[46] C: Sobretudo ela não quer dizer que se deve ter os inimigos políticos do
seu povo como amigos políticos e apoiá-los contra o seu próprio povo.
[47] Os próximos parágrafos não constam de A.
[48] C acrescenta o seguinte texto e modifica B até ao fim do parágrafo:
A essência da unidade política consiste em excluir, dentro da unidade, este carácter mais extremo de contraposição. O Estado, o qual apresenta, para a história
europeia dos últimos séculos, a figura clássica da unidade política, procura, por
isso, concentrar em si todas as decisões políticas e, assim, produzir a pacificação **C12**
intra-estatal. Isso justifica o uso de linguagem muito espalhado, comum, designadamente, aos juristas do direito estatal, que equipara político a estatal e estatal a
político. Surge, desta maneira, diversos significados da palavra "político", sempre
de acordo com o grau e a proximidade da decisão política primária. Em particular,
no interior do Estado enquanto unidade política organizada, a qual, como um
todo, toma para si a decisão amigo-inimigo, *junto das* decisões políticas primárias,
reservadas ao Estado, e ao abrigo e à sombra da decisão por ele tomada, são
pensáveis numerosos conceitos *secundários* do "político", caracterizados pela referência a um Estado existente. Pode-se, por exemplo, contrapor uma atitude "político-
-estatal" a uma atitude "político-partidária". Pode-se também falar da política de
religião, da política escolar, da política comunal, da política social do próprio
Estado e por aí adiante. Aqui recua a contraposição amigo-inimigo, pois trata-se
de contraposições dentro de uma unidade política pacificada. De facto, também permanece aqui sempre constitutivo do conceito do político uma contraposição
e um antagonismo – certamente relativizado através da existência da unidade
política do Estado, que abrange todas as contraposições – dentro do Estado

58   CARL SCHMITT

um todo, toma para si a decisão amigo-inimigo, e, além disso, *junto das* decisões políticas primárias e ao abrigo da decisão tomada, dão-se numerosos conceitos secundários do "político". Em primeiro lugar, com a ajuda da equiparação, acima tratada, na secção 1, entre político e estatal. Ela faz com que, por exemplo, se contraponha uma atitude "político-estatal" à atitude "político-partidária", podendo-se falar de política de religião, política escolar, política comunal, política social do Estado e por aí adiante. No entanto, também permanece aqui sempre constitutivo do conceito do político uma contraposição e um antagonismo – certamente relativizado através da existência da unidade política do Estado, que abrange todas as contraposições – dentro do Estado (VI). Finalmente, desenvolvem-se espécies ainda mais enfraquecidas de "política", desfiguradas até ao *parasitário* e ao caricatural, nas quais do originário agrupamento amigo-inimigo já só restou um qualquer momento antagonístico que se expressa em tácticas e práticas de toda a espécie, em concorrências e intrigas, e que designa como "política" os mais estranhos negócios e manipulações. [49]Mas que a essência[50] das relações políticas esteja contida na referência a um carácter

---

(* nota inalterada). No entanto, permanece em aberto se em tais contraposições se encontra uma contenda apenas "agonal", que afirma a unidade comum, ou já um início de uma genuína contraposição amigo-inimigo, que nega a unidade política, isto é, uma guerra civil latente.

Espécies ainda mais enfraquecidas de "política", enfraquecidas até ao *parasitário*, desenvolvem-se onde duras contraposições privadas confundem uma grande decisão política. Aqui restaram do autêntico agrupamento amigo-inimigo ainda apenas os pontos de vista da *rivalidade* que se expressam em tácticas e práticas, **C13** em rasteiras e intrigas de toda a espécie, e para os quais os mais estranhos negócios e manipulações podem ainda aparecer como "política".

(VI) Assim, só há uma "política social" desde que uma classe politicamente considerável levantou as suas reivindicações "sociais"; o cuidado pelo bem-estar, que em tempos anteriores era deixado aos pobres e miseráveis, não foi sentido como problema político-social e também não se chamou assim. Do mesmo modo, só há uma política sobre as Igrejas onde estava presente uma Igreja como adversário politicamente digno de atenção.

[49] C abre parágrafo
[50] C: característica

O CONCEITO DO POLÍTICO | 59

concreto de contraposição é o que se expressa no uso comum da linguagem, mesmo quando a consciência do "caso de emergência" se perdeu completamente. Em dois fenómenos que se podem verificar sem mais tal **B31** torna-se quotidianamente visível[51]. *Em primeiro lugar*, todos os conceitos, representações e termos políticos têm um sentido *polémico*; eles têm em vista um carácter concreto de contraposição, estão ligados a uma situação concreta cuja consequência última é um agrupamento amigo-inimigo (que se expressa na guerra ou na revolução) e tornam-se abstracções vazias e fantasmagóricas se esta situação estiver ausente. Termos como Estado, república([VII]), sociedade, classe, para além de[52] soberania, Estado de direito, absolutismo, ditadura, plano, Estado neutro ou total, etc.[53], são incompreensíveis se não se souber quem *in concreto* deve ser posto em causa, combatido, negado e refutado por tal termo([VIII]). [54]O carácter polémico domina sobretudo **B32**
C14

---

[51] Em C, esta frase, ligeiramente alterada, termina o parágrafo anterior em vez de inaugurar o novo: "Dois factos que se podem verificar sem mais tornam quotidianamente visível esta peculiaridade do político."
C abre parágrafo: "Primeiro: ..."

([VII]) Maquiavel, por exemplo, chama repúblicas a todos os Estados que *não* são monarquias; através disso, ele determinou a definição até hoje. Richard Thoma define a democracia como *não*-Estado de privilégios, através do que todas as não-democracias são declaradas Estados de privilégios.

[52] pela graça de Deus (em contraposição à do Papa ou do povo), soberania...

[53] Em vez de "etc", encontra-se em C: "marxismo, proletário e trabalhador"

([VIII]) Também aqui são possíveis numerosos tipos e graus de carácter polémico, mas aquilo que é essencialmente polémico na formação do termo e do conceito permanece sempre reconhecível. As questões terminológicas tornam--se, assim, questões altamente políticas; uma palavra ou uma expressão pode ser, ao mesmo tempo, reflexo, sinal, marca de reconhecimento e arma de uma confrontação de inimizade. Um socialista da Segunda Internacional, Karl Renner, por exemplo (numa investigação cientificamente muito significativa do "Instituto Jurídico de Direito Privado", Tübingen, 1929, p. 97), chama "tributo" à renda que o inquilino tem de pagar ao proprietário da casa. A maioria dos professores de direito, juízes e advogados alemães recusariam uma tal denominação como uma "politização" inaceitável de relações de direito privado e como uma perturbação do esclarecimento "puramente jurídico", "puramente no plano do direito", "puramente científico", pois por si a questão está decidida

60   CARL SCHMITT

também o uso de linguagem do próprio termo "político", independentemente de se estabelecer o opositor como "apolítico" (no sentido de lunático, que falha o que é concreto) ou de, pelo contrário, se querer desqualificá-lo e denunciá-lo como "político", para se elevar acima dele como "apolítico" (no sentido de puramente objetivo, puramente científico, puramente moral, puramente jurídico, puramente estético, puramente económico, ou com base em semelhantes purezas polémicas).

[55] *Segundo*: no modo de expressão da polémica intra-estatal de hoje em dia, "*político*" é hoje frequentemente usado como significando o mesmo que "*político-partidário*" [56]; a inevitável

---

"no plano do direito positivo" e a decisão política do Estado que lhe está subjacente foi reconhecida por eles. Ao invés, numerosos socialistas da Segunda Internacional dão valor a que *não* se designe como "tributo" os pagamentos aos quais a França armada obriga a Alemanha desarmada, mas a que apenas se fale de "*reparações*". Reparações parece ser mais jurídico, mais conforme ao direito, mais pacífico, mais apolémico e apolítico do que "tributos". No entanto, considerando tudo mais de perto, "reparações" é ainda mais polemicamente e, por isso, também mais politicamente intensivo, pois este termo utiliza politicamente um juízo de desvalor jurídico e até moral para submeter o inimigo vencido, através de pagamentos coercivos, simultaneamente a uma desqualificação jurídica e moral. Hoje, a questão sobre se se deve dizer "tributos" ou "reparações" tornou-se, na Alemanha, um tema de confrontação intra-estatal. Nos séculos anteriores houve uma controvérsia, em certo sentido, inversa, entre o Imperador alemão (Rei da Hungria) e o Sultão turco, sobre se aquilo que o Imperador tinha de pagar ao turco era "*pensão*" ou "tributo". Aqui, o devedor dava valor a que não pagasse tributo, mas "pensão", e o credor, pelo contrário, a que fosse "tributo". Nessa altura, as palavras, pelo menos nas relações entre cristãos e turcos, eram aparentemente mais abertas e objectivas e os conceitos jurídicos talvez ainda não se tivessem tornado, na mesma medida de hoje, em instrumentos de coerção política. No entanto, Bodin, que menciona esta controvérsia (*Les six livres de la Répubique*, 2ª edição, 1580, p. 784), acrescenta: também, na maior parte das vezes, a "pensão" era apenas paga para se proteger não de outros inimigos, mas sobretudo do próprio protector e para se resgatar de uma invasão (*pour se racheter de l'invasion*).

[54] C acrescenta a frase: "Também o que significa "direito", "ordem" e "paz" é determinado concretamente pelo inimigo."

[55] C abre parágrafo.

[56] C começa assim: "Segundo: num Estado de partidos pluralista, isto é, dominado por uma maioria de partidos diferenciados (tal como foi o Reich alemão de 1919-1932), o termo "político" torna-se de igual significado a "político-partidário".

O CONCEITO DO POLÍTICO | 61

"ausência de objectividade" de todas as decisões políticas, a qual é apenas o reflexo da diferenciação amigo-inimigo imanente a todo o comportamento político, expressa-se, então, nas formas e nos horizontes mesquinhos da ocupação de lugares pelos partidos políticos e na política de benesses, e a exigência de uma "despolitização", que surge a partir daí, significa apenas ultrapassagem do político-*partidário*[57], etc.. A equiparação político = político-partidário é possível quando o pensamento de uma unidade política (do "Estado") abrangente[58], que relativize todos os partidos de política interna e as suas contraposições, perde a sua força e, em consequência disso, as contraposições **C15** intra-estatais adquirem uma intensidade mais forte do que a contraposição comum de política externa contra um outro Estado. Quando, dentro de um Estado, as contraposições político-partidárias se tornaram sem mais[59] "as" contraposições políticas, alcançou-se o mais extremo grau da série da "política interna", isto é, é a confrontação intra-estatal e não[60] os agrupamentos amigo-inimigo de política externa que são paradigmáticos para a confrontação armada. A possibilidade real do combate, que tem de estar sempre presente para que se possa falar de política, consequentemente, já não se refere, com semelhante "primado da política interna", à guerra entre unidades de povos organizadas (Estados ou impérios), mas à *guerra civil.*

[61] [62]Pois do conceito de inimigo faz parte a eventualidade **B33** de um combate, que se encontra no domínio do real[63] [64]. Neste termo, deve-se abstrair de todas as mudanças acidentais

---

[57] C acrescenta: "..., ou seja, apenas despartidarização, etc."

[58] C: A equiparação político = político-partidário surge quando o partido é colocado acima de Estado e povo e é válido o "primado da política interna". Então, o pensamento de uma unidade política (do "Estado") abrangente...

[59] C: de facto

[60] C: já não

[61] A partir daqui, retoma-se o texto presente em A.

[62] C inaugura com esta frase a secção 3.

[63] A: Do genuíno conceito de inimigo faz parte a eventualidade real de um combate.

[64] C: Pois do conceito de inimigo faz parte a eventualidade de um combate armado, que se encontra no domínio do real, e isso significa aqui uma *guerra*.

CARL SCHMITT

da técnica e das armas de guerra, submetidas ao desenvolvimento histórico. A guerra é um combate armado entre unidades políticas organizadas; a guerra civil, um combate armado dentro de uma unidade organizada (mas que assim se torna problemática) [65]. O essencial no conceito de arma é que se trate de um meio para a morte física de homens. Tal como o termo inimigo, o termo combate deve ser aqui compreendido no sentido de uma originariedade conforme ao ser. Ele não significa concorrência, não o combate "puramente espiritual" da discussão, não o "competir" simbólico [66] que, em última análise, de alguma maneira qualquer homem sempre leva a cabo porque toda a vida humana é um "combate" e cada homem é um "combatente" [67]. Os conceitos amigo, inimigo e combate adquirem o seu real sentido ao terem e manterem referência, em particular, à possibilidade real da morte física. A guerra resulta da inimizade, pois esta é negação conforme ao ser de um outro ser. A guerra é apenas a mais extrema realização da inimizade. Ela não precisa de ser nada quotidiano, nada normal, nem de ser sentida como algo ideal ou desejável [68], mas tem de permanecer presente como possibilidade real enquanto o conceito de inimigo tiver sentido.

C16

[69]As coisas não se passam, de maneira nenhuma, como se a existência política nada fosse senão guerra sangrenta e como se cada acção política nada fosse senão uma acção militar de combate, como se, de forma ininterrupta, cada povo

---

[65] A: Guerra é um combate armado entre povos.

[66] C: Ele não significa um torneio apolítico-agonal, não mera concorrência, não o combate supostamente "puramente espiritual" da discussão, e menos que tudo o "competir" simbólico...

[67] A: Ele não significa concorrência, não o combate "espiritual" da discussão, não o combate simbólico que, em última análise, de alguma maneira qualquer homem sempre leva a cabo, mesmo que seja apenas com a sua inércia.

[68] Em A, não consta "desejável".

[69] No começo do parágrafo, encontra-se em C: "O político não se encontra no próprio combate, o qual tem, por seu lado, as suas próprias leis técnicas, psicológicas e militares, mas num comportamento determinado pela possibilidade real de uma guerra, no conhecimento claro da situação própria, determinada por isso, e na tarefa de diferenciar correctamente amigo e inimigo."

O CONCEITO DO POLÍTICO | 63

face a qualquer outro fosse continuamente colocado diante da alternativa amigo ou inimigo, e como se aquilo que é correcto politicamente não se pudesse encontrar precisamente em evitar a guerra. A definição do político que aqui foi dada não é nem belicista ou militarista, nem imperialista, nem pacifista[70]. Ela também não é uma tentativa de estabelecer a guerra vitoriosa ou a revolução bem conseguida[71] como "ideal social", pois guerra e revolução não são[72] nem algo "social" nem algo "ideal"[IX] [73]. [74]O próprio combate militar, considerado por **B34** si, não é a "continuação da política com outros meios", tal como é citado incorrectamente, na maior parte das vezes, o famoso dito de Clausewitz(X), mas tem, enquanto guerra, as suas regras

---

[70] A: Compreende-se por si mesmo que não é cada aspecto singular da existência política que tem por fim a guerra sangrenta e cada acção política que tem por fim uma ulterior acção militar de combate, que não é de forma ininterrupta que cada povo face a qualquer outro é colocado diante da alternativa amigo ou inimigo, e que aquilo que é correcto politicamente pode precisamente encontrar-se em evitar a guerra. A definição do político que aqui foi dada é tão pouco militarista ou imperialista quanto pacifista.

[71] Em A diz-se simplesmente: "uma guerra"

[72] A: a guerra não é

(IX) À tese de Rudolf Stammler, fundada no plano neokantiano, de que a "comunidade dos homens de vontade livre" é o "ideal social" contrapôs Erich Kaufmann (*Das Wesen des Völkerrechts und die* clausula rebus sic stantibus, 1911, p. 146) a frase: "Não é a comunidade dos homens de vontade livre, mas a guerra vitoriosa que é o ideal social: a guerra vitoriosa como o meio último para aquela meta suprema" (participação do Estado e auto-afirmação na história universal). Esta frase assume a representação tipicamente neokantiana-liberal do "ideal social", para a qual as guerras, e mesmos as guerras vitoriosas, são algo completamente incomensurável e incompatível, e copula isso com a representação da "guerra vitoriosa", a qual está radicada no mundo da filosofia da história hegeliana-rankiana, no qual, por seu lado, não há quaisquer "ideais sociais". Assim, aquela que é, numa primeira impressão, uma antítese marcante, rompe-se em duas partes díspares, e nem mesmo a veemência retórica de um contraste manifesto pode tapar a incoerência estrutural e sanar a ruptura de pensamento.

[73] C suprime esta nota.

[74] As frases seguintes não constam em A.

(X) Clausewitz (*Vom Kriege*, III Parte, Berlim, 1834, p. 140) diz: "A guerra não é senão uma continuação das relações políticas com a intromissão de

C17 e pontos de vista próprios, estratégicos, tácticos e outros, as quais, no entanto, no seu conjunto, pressupõem que já esteja presente a decisão política sobre quem é o inimigo. Na guerra, os opositores surgem contrapostos quase sempre abertamente enquanto tais, normalmente até caracterizados através de um "uniforme", e a diferenciação entre amigo e inimigo já não é, por isso, um problema político que o soldado combatente teria de resolver[75]. É nisso que se baseia a correcção da frase que um diplomata inglês proclamou: o político está mais treinado para o combate do que o soldado, porque o político combate toda a sua vida, mas o soldado só o faz excepcionalmente. [76]A guerra não é, de forma nenhuma, meta e fim ou mesmo **B35** conteúdo da política, mas é o *pressuposto* sempre presente como possibilidade real que determina o agir e o pensar humanos de

---

outros meios". A guerra é, para ele, um "mero instrumento da política". Isso ela é-o também certamente, mas o seu significado para o conhecimento da essência da política, com isso, ainda não se esgotou. Considerada de modo mais exacto, mesmo em Clausewitz, a guerra não é um de muitos instrumentos, mas a *ultima ratio* do agrupamento amigo-inimigo. A guerra tem a sua "gramática" própria (isto é, uma legalidade especial militar-técnica), mas a política permanece o seu "cérebro", ela não tem qualquer "lógica própria". Esta ela só a poderia adquirir, designadamente, a partir dos conceitos amigo e inimigo, e é este núcleo de tudo o que é político que manifesta a frase da p. 141: "Se a guerra pertence à política, ela assumirá o seu carácter. Quanto mais ela se tornar grandiosa e poderosa, também assim se tornará a guerra, e isso pode aumentar até à altura em que a guerra alcança a sua figura absoluta". Também numerosas outras frases provam o quanto cada consideração especificamente política se baseia naquelas categorias políticas, em particular, por exemplo, as explanações sobre guerras de coligação e alianças, *op. cit.*, p. 135 ss., e em H. Rothfels, *Carl von Clausetwitz, Politik und Krieg*, Berlim, 1920, p. 198, 202.

[75] C altera a frase: "Não é o soldado, mas o político que determina o inimigo. Logo que o combate militar tiver começado, surgem contrapostos os combatentes e beligerantes abertamente como inimigos, normalmente até caracterizados como opositores de forma visível através de um "uniforme", e a diferenciação entre amigo e inimigo já não é um problema político que o soldado combatente teria de resolver. Aquele que não é senão soldado (diferentemente do guerreiro) tende antes a fazer da guerra um torneio e a passar da atitude política à agonal.

[76] C abre parágrafo

O CONCEITO DO POLÍTICO | 65

um modo peculiar e, através disso, produz um comportamento especificamente político. [77]

[78] Por isso, o critério[79] da diferenciação amigo-inimigo também não significa de modo nenhum que um determinado povo tenha de ser eternamente o amigo ou inimigo de um determinado outro, ou que não possa ser possível ou fazer politicamente sentido uma neutralidade. Só que o conceito de neutralidade, como qualquer conceito político, está igualmente debaixo deste último pressuposto de uma possibilidade real do agrupamento amigo-inimigo[80], e se sobre a Terra já só houvesse neutralidade estaria terminada, com isso, não apenas a guerra, mas também a própria neutralidade, tal como se teria terminado com toda a política, também com uma política de evitar o combate, se faltasse em geral a possibilidade real de combater[81]. Paradigmática é sempre apenas a possibilidade deste caso decisivo, do combate real[82], e a decisão sobre se este caso está ou não está dado. [83]

O carácter determinante deste caso não é suprassumido(*) por ele surgir apenas excepcionalmente, mas é isso que pri-

---

[77] C não faz parágrafo

[78] Retoma-se o texto de A, sem fazer parágrafo: "A diferenciação amigo--inimigo também não significa que um determinado povo tenha de ser eternamente o amigo ou inimigo de um determinado outro. Também pode obviamente sempre ser possível e fazer politicamente sentido uma neutralidade."

[79] C: a marca

[80] C: está igualmente à sombra desta possibilidade real de um agrupamento amigo-inimigo

[81] A: de guerras em geral; C: de guerras

[82] C: da guerra efectiva

[83] Em A e C, o texto continua sem fazer parágrafo.

(*) Forjando o verbo "suprassumir" traduzimos o verbo alemão *Aufheben* (assim como traduziremos o substantivo *Aufhebung* usando o neologismo "suprassunção", solução adoptada sobretudo no português brasileiro). A *Aufhebung* é o termo pelo qual Hegel traduz o movimento da dialéctica, o qual se caracteriza, ao mesmo tempo, por uma simultânea negação e conservação de algo a um nível mais elevado, de tal maneira que a presença do momento a que se chega no termo de um processo dialéctico é simultaneamente a presença negada do momento anterior (uma árvore, por exemplo, consiste na presença negada da semente de que brotou, de tal maneira que a semente se realiza

A199

66 CARL SCHMITT

meiro que tudo o fundamenta. Se as guerras hoje já não são tão numerosas e quotidianas como antes, elas incrementaram--se em igual medida, ou numa medida talvez até mais forte, **C18** no que diz respeito a um impacto total prevalecente quanto afrouxaram no que diz respeito à frequência quantitativa e à quotidianeidade. Mesmo hoje o caso de guerra é o "caso de emergência". Pode-se dizer que aqui, como também em outros lugares, precisamente o caso excepcional tem um significado particularmente decisivo e desvelador do cerne das coisas[84]. Pois só no combate real[85] se mostra a mais extrema consequência do agrupamento político de amigo e inimigo[86]. É a partir desta mais extrema possibilidade que a vida dos homens adquire a sua tensão especificamente *política*.

Um mundo no qual a possibilidade de um tal combate[87] esteja completamente aniquilada e tenha desaparecido, um globo terrestre definitivamente pacificado, [88]seria um mundo sem a diferenciação entre amigo e inimigo e, consequentemente, um mundo sem política. Poderiam haver nele talvez **B36** várias contraposições e contrastes muito interessantes[89], concorrências e intrigas de toda a espécie[90], mas nenhuma contraposição com base na qual, com sentido, pudesse ser exigido de homens o sacrifício da sua vida, e homens fossem habilitados a derramar sangue e a matarem outros homens. Também aqui, para a determinação conceptual do político, não importa se se

---

enquanto semente negando-se e elevando-se – isto é, "suprassumindo-se" – enquanto árvore). No direito, o termo *Aufhebung* tem o sentido de revogação, assinalando o movimento pelo qual uma lei realiza o direito na medida em que nega (ou revoga) uma lei anterior. Contudo, Schmitt, sendo jurista, usa o verbo quase sempre num sentido que o aproxima de Hegel, razão pela qual preferimos, nesta tradução, usar para a sua tradução o neologismo com que se pretende expressar a dupla dimensão – negativa e afirmativa – do movimento de superação da dialéctica hegeliana (*N. T.*).

[84] A: ... o caso excepcional adquire um significado particularmente decisivo.
[85] C: na guerra
[86] C: segundo o amigo e o inimigo
[87] C: de uma guerra
[88] A: Um mundo sem a possibilidade de um tal combate seria...
[89] A: intensos
[90] "concorrências e intrigas de toda a espécie" ausente em A

O CONCEITO DO POLÍTICO | 67

deseja, como um estado ideal, semelhante mundo sem política.

O fenómeno do político[91] só se pode conceber através da referência à possibilidade real do agrupamento amigo-inimigo, independentemente do que daí se segue para a valoração religiosa, moral, estética, económica do político.[92] A guerra, enquanto mais extremo meio político, manifesta a possibilidade desta diferenciação entre amigo e inimigo, que se encontra subjacente a toda a representação política, e, por isso, só tem sentido enquanto esta diferenciação na humanidade estiver realmente presente ou for, pelo menos, realmente possível[93]. [94] [95]Ao invés, uma guerra feita a partir de motivos "puramente" religiosos[96], "puramente" morais, "puramente" jurídicos ou "puramente" económicos seria absurda[97]. Não se pode derivar o agrupamento amigo-inimigo e, por isso, também uma guerra das contraposições específicas destes âmbitos da vida humana. Uma guerra não precisa de ser nem algo piedoso, nem algo moralmente bom, nem algo rentável; provavelmente, **C19** ela não é hoje nada destas coisas[98]. Este reconhecimento

---

[91] A: conceito do político

[92] Em A e C, o texto continua sem fazer parágrafo.

[93] C: A guerra, enquanto mais extremo meio político, manifesta apenas aquilo que se encontra subjacente a toda a representação política, nomeadamente a realidade desta diferenciação entre amigo e inimigo. Uma guerra só tem sentido, por isso, enquanto esta diferenciação na humanidade estiver realmente presente ou for, pelo menos, realmente possível.

[94] Até ao fim do parágrafo, encontra-se em A (passagens que se encontram, em versão ligeiramente alterada, numa expansão do texto de B acrescentada anteriormente; cf. B34-35): "A guerra não é "a continuação da política com outros meios", tal como é citado incorrectamente, na maior parte das vezes, o famoso dito de Clausewitz(*); ela também não é, naturalmente, meta e fim da política, mas **A200** é o *pressuposto* sempre presente como possibilidade real que determina o agir humano de um modo peculiar e lhe dá um significado especificamente político."

(*) *nota idêntica à nota 7 de B.*

[95] A e C fazem parágrafo.

[96] C: confessionais

[97] A: Uma guerra feita a partir de motivos puramente religiosos, puramente morais ou puramente económicos é absurda.

[98] C: provavelmente, num tempo que disfarça moral ou economicamente as suas contraposições metafísicas, ela não é nada destas coisas.

68 | CARL SCHMITT

simples[99] é, na maior parte das vezes[100], confundido por contraposições religiosas[101], morais e outras se poderem incrementar como contraposições políticas[102] e introduzirem o agrupamento de combate decisivo segundo o amigo ou o inimigo. Mas, chegando a este agrupamento de combate, a contraposição paradigmática já não é puramente religiosa[103], moral ou económica, mas política. A questão é, então, sempre apenas se um tal agrupamento amigo-inimigo está presente ou não enquanto possibilidade real ou realidade, independentemente de que motivos humanos sejam suficientemente fortes para o activar[104]. [105]

Nada se pode furtar a esta consequência do político. Se a oposição pacifista contra a guerra se tornasse tão forte que pudesse empurrar os pacifistas para a guerra contra os não-pacifistas, para uma "guerra contra a guerra", estaria com isso provado que ela tem realmente força política, pois ela é forte o suficiente para agrupar os homens segundo amigo e inimigo. Se a vontade de impedir a guerra for tão forte que já não se intimide diante da própria guerra, ela tornou-se precisamente um motivo político, isto é, ela, se bem que apenas como eventualidade extrema, afirma a guerra e até mesmo o sentido da guerra. Presentemente, isto parece ser um tipo de justificação de guerras particularmente prometedor. A guerra joga-se então na forma da sempre "última guerra definitiva da humanidade". Tais guerras são, de modo necessário, guerras particularmente intensivas e inumanas, pois elas, *indo para além do político*[106], têm de degradar simultaneamente o inimigo em categorias morais e outras e de o converter num monstro inumano que

---

[99] C: Esta verdade simples
[100] A: habitualmente
[101] C: confessionais
[102] A: ... por contraposições religiosas, morais e outras serem utilizadas para fins políticos...
[103] C: confessional
[104] A: para activar este agrupamento
[105] A não faz parágrafo
[106] A não faz itálico

O CONCEITO DO POLÍTICO | 69

tem de ser não apenas repelido, mas definitivamente *aniquilado,*
ou seja, que já não é apenas um inimigo que deve ser rechaçado para
as suas fronteiras[107]. Contudo, na possibilidade de tais guerras mostra-se de um modo particularmente claro que a guerra
ainda hoje está presente como possibilidade real, que é unicamente o que está em causa para a diferenciação entre amigo e
inimigo e para o reconhecimento do político.

4.

Cada contraposição religiosa[108], moral, económica, étni-   **A201,**
ca[109] ou outra transforma-se numa contraposição política   **C20**
quando é suficientemente forte[110] para agrupar efectivamente
os homens segundo amigo e inimigo. O político não está no
combate ele mesmo, o qual, por seu lado, tem as suas próprias leis técnicas, psicológicas e militares, mas, como se disse,
numa relação determinada por esta possibilidade real, no claro
reconhecimento da situação própria, determinada por ela, e
na tarefa de diferenciar correctamente[111] amigo e inimigo.
[112] Uma comunidade religiosa que, enquanto tal, faz guerras,
seja contra os membros de outras comunidades religiosas, seja
outro tipo de guerras, é, para além de comunidade religiosa,
uma unidade política. Ela também é uma grandeza política

---

[107] A: ... ou seja, um inimigo que já não é para tratar objectivamente.
[108] C: confessional
[109] Em B, os termos traduzidos por "económico" e "étnico" são respectiva-
mente *ökonomisch* e *ethnisch*. Em C, estes são substituídos pelos termos de raiz
germânica e não grega *wirtschaftlich* e *völkisch*. Este último termo é importante no
contexto do vocabulário nacional-socialista. O nazismo surgia baseado numa visão
do mundo ou "mundividência" determinada etnicamente, uma *völkische Weltanschauung*, e o advérbio *völkisch* era aplicado ao pensamento e à vida.
[110] C: quando vai suficientemente fundo
[111] Em A, não se encontra "correctamente".
[112] Frase suprimida em C.

70 | CARL SCHMITT

quando tiver uma possibilidade de intervenção naquele acontecimento decisivo apenas em sentido negativo, quando estiver **B38** em situação de impedir guerras através de uma proibição aos seus membros, isto é, de negar paradigmaticamente a qualidade de inimigo a um opositor. O mesmo vale para uma associação de homens que repouse numa base económica, por exemplo, para um grupo industrial ou para um sindicato[113]. Também uma "classe", no sentido marxista do termo, deixa de ser algo puramente económico e se torna numa grandeza política quando alcança este ponto decisivo, isto é, quando leva a sério a *"luta"*de classes,[114] quando trata o opositor de classe como inimigo real e o combate[115], seja como Estado contra Estado, seja numa guerra civil no interior de um Estado. O combate real já não se joga então, de um modo necessário, de acordo com leis económicas, mas tem – juntamente com os métodos de combate em sentido mais estrito[116] – as suas necessidades políticas, e orientações, coligações, compromissos, etc.[117]. Se, no interior de um Estado[118], o proletariado[119] se apoderar do poder político, então terá surgido precisamente um Estado proletário[120] que não é menos uma formação política do que um Estado nacional, um Estado sacerdotal, um Estado comercial ou um Estado de soldados,[121] um Estado de funcionários ou uma qualquer outra categoria de unidade política[122]. Se toda a humanidade chegar a agrupar-se como amigo e inimigo em Estados proletários e capitalistas, segundo a contrapo-

---

[113] Em A, está apenas "para um sindicato".
[114] C: isto é, a guerra civil,
[115] Termo da frase em A.
[116] C: métodos de combate no mais estrito sentido da técnica moderna e revolucionária
[117] A: ... as suas necessidades políticas e orientações políticas.
[118] A: povo
[119] C: a organização de combate do "proletariado"
[120] Em C, o termo proletário está entre aspas
[121] Em A, não consta "um Estado sacerdotal, um Estado comercial ou um Estado de soldados"
[122] C: ou qualquer outra espécie de unidade política caracterizada por uma camada portadora do Estado.

O CONCEITO DO POLÍTICO | 71

sição entre proletários e burgueses, e se nisso desaparecerem todos os outros agrupamentos amigo-inimigo, mostra-se[123] então toda a realidade do político mantida por estes conceitos **C21** que, à partida, aparentam ser "puramente" económicos. Se a força política de uma classe ou de outros grupos[124] dentro de um povo for apenas até ao ponto de poder impedir qualquer guerra que seja feita em relação ao exterior, sem ela mesma ter a capacidade ou a vontade de assumir o poder estatal de diferenciar, a partir de si, amigo e inimigo e de, caso seja preciso, fazer a guerra, então a unidade política está destruída[125].

O político pode extrair a sua força dos mais diferentes domínios da vida humana, de contraposições religiosas[126], económicas, morais[127] e outras; ele não designa um âmbito de coisas próprio, [128]mas apenas o *grau de intensidade* de uma associação ou dissociação[129] de homens, cujos motivos podem ser de tipo religioso[130], nacional (em sentido étnico ou cultural[131]), económico ou outro, e operam, para diferentes tempos, diferentes **B39** ligações e separações. [132]O real agrupamento amigo-inimigo é, de acordo com o ser, tão forte e marcante que a contraposição não-política, no mesmo instante em que opera este[133] agrupamento, deixa para trás os seus critérios e motivos até então "puramente" religiosos, "puramente" económicos, "puramente" culturais e é submetido às condições e consequências daquela que é doravante a situação política, completamente novas, peculiares e, vistas daquele "puro" ponto de partida

---

[123] C: mostrar-se-ia
[124] Em A, não consta "ou de outros grupos".
[125] A: ... a capacidade ou a vontade de assumir o poder estatal e de, caso seja preciso, fazer a guerra, então a unidade política do Estado está dissolvida.
[126] C: confessionais
[127] A termina: "religiosas, económicas e morais." Os passos seguintes não se encontram.
[128] C: que corresponda a estas contraposições,
[129] C: ligação ou diferenciação
[130] C: confessional
[131] C: histórico
[132] Retoma-se o texto de A.
[133] A: conduz para este

72 | CARL SCHMITT

"puramente" religioso, ou "puramente" económico e outro, frequentemente muito inconsequentes e "irracionais"[134]. Político é, em todo o caso, sempre[135] o agrupamento que se orienta pelo caso de emergência.[136] [137]Daí que este seja sempre o agrupamento humano *paradigmático*[138], e que a unidade política seja sempre, consequentemente, se em geral estiver presente, a unidade paradigmática e "soberana", no sentido de que a decisão sobre o caso paradigmático, mesmo que este seja o caso de excepção, em virtude de uma necessidade conceptual, tem sempre de ficar com ela.[139]

A202

O termo "soberania" tem aqui um sentido, tal como o termo "unidade". Nenhum deles quer dizer que cada aspecto singular da existência de cada homem que pertença a uma unidade política tenha de ser determinada e comandada a partir do político[140], ou que um sistema centralista deva aniquilar qualquer outra organização ou corporação. Pode ser que considerações económicas sejam mais fortes do que tudo aquilo que quer o

---

[134] A: ... deixa para trás os que foram até agora os seus critérios e é submetido às condições e consequências completamente novas do político.

[135] A: determina sempre

[136] C faz parágrafo

[137] C: A unidade política é sempre, consequentemente, enquanto em geral estiver presente, a unidade paradigmática, total e soberana. Ela é "total" porque, em primeiro lugar, cada circunstância pode ser potencialmente política e, por isso, pode ser atingida pela decisão política; e, em segundo lugar, porque o homem, na participação política, é captado de modo inteiro e existencial. A política é o destino. O grande professor de direito do Estado M. Hauriou, no plano da ciência jurídica, viu também, com razão, a característica de uma ligação política em ela

C22 captar o homem por inteiro. Uma boa pedra de toque do carácter político de uma comunidade encontra-se, por isso, na prática do *juramento*, cujo verdadeiro sentido consiste em o homem se implicar por inteiro, ou se tornar, através de um juramento de fidelidade, "parente sob o ponto de vista do compromisso (e existencialmente)". A unidade política é *soberana* no sentido de que a decisão sobre o caso paradigmático, mesmo quando este for o caso excepcional, por necessidade conceptual está sempre com ela. O termo "soberania" tem aqui um sentido. Ele não quer dizer de modo nenhum que cada aspecto singular da existência de cada homem...

[138] Em A, "paradigmático" não está em itálico.

[139] A não faz parágrafo.

[140] Em A, frase acaba aqui.

O CONCEITO DO POLÍTICO | 73

governo de um Estado supostamente neutral sob o ponto de vista económico; de igual modo, o poder de um Estado supostamente neutral sob o ponto de vista confessional encontra facilmente uma fronteira nas convicções religiosas[141]. Aquilo que está em causa é sempre apenas o caso de conflito. Se as contraposições económicas, culturais ou religiosas[142][143] forem tão fortes que determinem a decisão sobre o caso de emergência a partir de si, então elas tornaram-se precisamente a nova substância da unidade política[144]. Se não forem suficientemente fortes para evitar uma guerra desencadeada contra os seus interesses e princípios[145], mostra-se que elas não alcançaram o ponto decisivo do político. Se forem suficientemente fortes para evitar uma guerra que, desejada pela condução estatal,[146] contradiga os seus interesses ou princípios[147], mas não forem fortes o suficiente para determinar elas mesmas segundo a sua decisão, **B40** a partir de si, uma guerra[148], então já não está presente uma grandeza política unitária. Seja de que modo for, no seguimento da orientação pelo possível caso de emergência do combate efectivo contra um inimigo efectivo, ou a unidade política é necessariamente a unidade paradigmática para o agrupamento de amigo ou inimigo, e, neste sentido (não num qualquer sentido absolutista), soberana, ou ela não está de todo presente.

Quando se reconheceu o grande significado político que é próprio das associações económicas dentro do Estado, e quando, em particular, se observou o crescimento dos sindicatos, **C23**

---

[141] A: Pode ser que considerações económicas sejam mais fortes do que tudo aquilo que quer a condução política, isto é, o governo; de igual modo, o poder de um Estado encontra facilmente uma fronteira nas convicções religiosas.

[142] A: Se as forças contrárias económicas ou religiosas

[143] C: confessionais

[144] C: então elas entraram precisamente na nova substância da unidade política

[145] Em A, não está "e princípios".

[146] "desejada pela condução estatal" não consta em C.

[147] A: motivos

[148] C: – estado típico de um Estado pluralista de partidos que se arrasta em coligações e compromissos alternantes –

74 | CARL SCHMITT

contra cujo meio de poder económico, a greve, as leis do Estado[149] eram extremamente impotentes, proclamou-se algo prematuramente a morte e o fim do Estado. Tanto quanto me parece, isso só aconteceu como doutrina autêntica[150] desde 1906 e 1907, nos sindicalistas franceses[151] (XI). [152]Dos teóricos

---

[149] C: os velhos Estados
[150] C: teoria consciente
[151] C: e italianos

(XI) "Cette chose enorme... la mort de cet être fantastique, prodigieux, qui a tenu dans l'histoire une place si colossale: l'Etat est mort", E. Berth, cujas ideias derivam de Georges Sorel, em *Le Mouvement socialiste*, Outubro de 1907, p. 314. Léon Duguit cita esta passagem nas suas conferências *Le droit social, le droit individuel et la transformation de l'Etat*, 1ª edição, 1908; ele contenta-se em dizer que o Estado, soberano e pensado como pessoa, está morto ou em vias de morrer (p. 150: L'Etat personnel et souverain est mort ou sur le point de mourir). Na obra de Duiguit *L'Etat*, Paris, 1901, ainda não se encontram tais frases, apesar de a crítica do conceito de soberania já ser a mesma. Interessantes exemplos subsequentes deste diagnóstico sindicalista do Estado hodierno em Esmein, *Droit constitutionnel* (7ª edição de Nézard), 1921, I, pp. 55 ss., e sobretudo no livro particularmente interessante de Maxime Leroy, *Les transformations de la puissance publique*, 1907. A doutrina sindicalista, na perspectiva do seu diagnóstico do Estado, deve também ser diferenciada da construção marxista. Para os marxistas, o Estado não está morto nem em vias de morrer, mas ele é antes necessário e provisoriamente ainda real como meio para a produção da sociedade sem classes e, só assim, sem Estado; no Estado soviético, ele recebeu novas energias e uma nova vida precisamente com a ajuda da doutrina marxista. [N. T.: C suprime esta nota a partir da frase que começa com "Léon Duguit".

[152] Em vez do texto que se segue, encontra-se em C: Eles forneceram o estímulo a uma doutrina "pluralista" do Estado; o seu dogma fundamental era a "igualdade essencial de todos os agrupamentos humanos", também defendida por professores alemães de teoria do Estado, em particular pela escola de Otto von Gierke; o seu fundamento filosófico e a sua teologia política era o "pragmatismo" de filósofos americanos como William James, os quais tinham a necessidade de uma unidade última, de um "cosmos" e de um "sistema", como uma superstição e como um resto de escolástica medieval. A partir daqui combinou-se a doutrina política e o programa de um "pluralismo". Ele adequa-se o melhor possível à segunda Internacional Socialista, cuja maneira de pensar permaneceu, no essencial, liberal. Para o liberalismo consequente há apenas uma realidade, o indivíduo, e apenas a humanidade como todo. A classe combatente que o comunista assume como realidade torna-se, para a doutrina pluralista do Estado, num sindicato livre, politicamente neutral, e em um de vários partidos políticos. A "vida social" dos

O CONCEITO DO POLÍTICO | 75

do Estado que pertencem a este contexto é Duguit o mais conhecido; desde 1901, ele tentou refutar o conceito de soberania e a representação da personalidade do Estado, com alguns argumentos pertinentes contra uma metafísica do Estado acrí- **A203** tica e contra a personificação do Estado, as quais, em última análise, são apenas resíduos do mundo do absolutismo dos príncipes,[153] mas falhando, no essencial, o autêntico sentido político do pensamento da soberania. Algo semelhante vale para a chamada teoria pluralista do Estado de G. D. H. Cole e Harold J. Laski (XII), a qual surge um pouco mais tarde em terras **B41** anglo-saxónicas [154]. O seu pluralismo consiste em negar a unidade soberana do Estado, isto é, a unidade política, e em voltar sempre a destacar que o homem singular vive em numerosos e diferentes vínculos e ligações sociais [155] [156]: ele é membro

---

indivíduos está assente numa multiplicidade de grupos, corporações, associações de toda a espécie que não devem ter acima de si nenhuma "unidade suprema", que antes se relativizam mutuamente e evitam, através disso, que o indivíduo perca a sua supremacia liberal. Assim, o homem singular vive em numerosos e diferentes vínculos e ligações sociais...

[153] Em A, não se encontra "as quais, em última análise, são apenas resíduos do mundo do absolutismo dos príncipes".

(XII) Um resumo panorâmico e plausível das teses de Cole (formulado por ele mesmo) está publicado nas publicações da Aristotelian Society, vol. XVI (1916), pp. 310-325; a tese central diz também aqui o seguinte: os Estados são iguais na sua essência a outras espécies de associações humanas. Mencione-se dos escritos de Laski: *Studies in the Problem of Sovereignty*, 1917; *Authority in the Modern State*, 1919; *Foundations of Sovereignty*, 1921. *A Grammar of Politics*, 1925, Das Recht und der Staat, *Zeitschr. für öffentl. Recht*, vol. X (1930), pp. 1-25. Subsequente literatura em Kung Chuan Hsiao, *Political Pluralism*, Londres, 1927; sobre a crítica deste pluralismo: W. Y. Elliott em *The American Political Science Review*, XVIII (1924), pp. 251 ss., e *The pragmatic Revolt in Politics*, Nova Iorque, 1928; Carl Schmitt, Staatsethik und pluralistischer Staat, *Kant-Studien*, XXXV (1930), pp. 28-42. Sobre esta fragmentação pluralista do actual Estado alemão e o desenvolvimento do parlamento como palco de um sistema pluralista: Carl Schmitt, *Der Hüter der Verfassung*, Tübingen, 1931, pp. 73 ss.

[154] A: O mesmo vale para a chamada teoria pluralista do Estado de Harold J. Laski, estabelecida na última década, que é de longe a mais interessante.

[155] A: "...em muitas ligações sociais diferentes"

[156] C: ... como membro...

76 CARL SCHMITT

de uma sociedade religiosa, de uma nação[157], de um sindicato, [158]de uma família, de um clube desportivo[159] e de muitas outras "associações" que, de caso para caso, o determinam fortemente de diferentes modos e que o obrigam numa "pluralidade de obrigações de fidelidade e de lealdades"[160], sem que de uma destas associações[161] se possa dizer que seja incondicionalmente[162] paradigmática e soberana. Antes podem as diferentes "associações"[163], cada uma num âmbito diferente, mostrar-se como as mais fortes[164], e o conflito dos vínculos de lealdade e de fidelidade só de caso a caso pode ser decidido. Por exemplo, seria pensável que os membros de um sindicato, se este grupo proferir a palavra de ordem de já não frequentarem a igreja, vão, apesar disso, à igreja, mas ao mesmo tempo não sigam igualmente uma exigência emanada da igreja de sair do sindicato.[165]

[166]Neste exemplo, a coordenação entre sociedades religiosas e grupos profissionais, a qual, no seguimento da sua contraposição comum ao Estado, se pode tornar numa aliança entre Igrejas e sindicatos, é particularmente nítida. Ela é típica do pluralismo que surge em terras anglo-saxónicas, cujo ponto

---

[157] Em A, não se encontra "de uma nação"
[158] C: de um partido político,
[159] C: de um Estado
[160] Em A, não consta "e que o obrigam numa "pluralidade de obrigações de fidelidade e de lealdades"".
[161] C: ligações
[162] A: absolutamente
[163] A: ligações
[164] Em A, frase termina aqui.
[165] Em A, não se faz parágrafo e não constam as frases seguintes.
[166] Em vez do texto seguinte, encontra-se em C: Neste teoria só *uma* coisa é interessante, aquilo que, aliás, também foi reconhecível no Estado pluralista de partidos que dominou na Alemanha de 1919 a 1932, nomeadamente que Igrejas e sindicatos estão ordenados de forma igual. Ambas as categorias se tornam nos grupos autenticamente típicos. O sentido político-polémico desta aliança original entre Igreja e sindicato é fácil de reconhecer: ambos surgem numa contraposição conjunta contra o Estado [nota]. O processo histórico que fornece aqui um exemplo aparentemente plausível é o procedimento de Bismarck...

O CONCEITO DO POLÍTICO | 77

de partida teórico, juntamente com a teoria da corporação de **B42**
Gierke, foi sobretudo também o livro de J. Neville Figgis sobre
as Igrejas no Estado moderno (1913) ([XIII]). [167]O processo histórico ao qual Laski sempre regressa, e que manifestamente
exerceu sobre ele uma grande impressão, é o procedimento
de Bismarck, simultâneo e igualmente sem sucesso, contra a **C25**
Igreja católica e os socialistas[168]. No "combate cultural" contra
a Igreja romana mostra-se[169] que nem um Estado com a força
inquebrantável do Império de Bismarck era absolutamente

([XIII]) Figgis, *Churches in the modern State*, Londres, 1913 – o qual aliás relata,
na p. 249, que Maitland, cujas investigações no âmbito da história do direito
influenciaram igualmente os pluralistas, expressava sobre o *Deutsches Genossens-
chaftsrecht* de Gierke (cf. acima B25) que ele era o maior livro que alguma vez
tinha lido (*the greatest book he had ever read*) – diz que a luta medieval entre Igreja
e Estado, isto é, entre o Papa e o Imperador ou, mais exactamente, entre o
estado clerical e os estados seculares, não tinha sido um combate entre duas
"sociedades (*societies*)", mas uma guerra civil dentro da mesma unidade social;
hoje, pelo contrário, são duas sociedades, *duo populi*, que aqui se contrapõem.
Isso vem ao encontro da minha visão. Pois enquanto no tempo antes do Cisma
a relação entre Papa e Imperador ainda podia ser trazida à fórmula segundo
a qual o Papa tinha a *auctoritas* e o Imperador a *potestas*, e portanto se encon-
trava uma repartição dentro da mesma unidade, a doutrina católica, desde o
século XII, sustenta que Igreja e Estado são duas *societates*, e são ambas até
societates perfectae (cada uma soberana e autárquica no seu âmbito), sendo que,
do lado da Igreja, é reconhecida apenas uma única Igreja como *societas perfecta*,
enquanto do lado estatal aparece hoje uma pluralidade (se não mesmo um
sem número) de *societates perfectae*, cuja "perfeição", aliás, pelo grande número,
se torna muito problemática. Um resumo extremamente claro da doutrina
católica é fornecido por Paul Simon no ensaio *Staat und Kirche* (*Deutsches Volks-
tum*, Hamburgo, Caderno de Outubro, 1931, pp. 576-596). A coordenação
entre Igrejas e sindicatos, típica para a doutrina pluralista anglo-saxónica, é
naturalmente impensável na teoria católica; muito menos a Igreja católica se
poderia deixar tratar como igual, na sua essência, a uma internacional sindical.
De facto, como Elliot nota com pertinência, a Igreja serve a Laski apenas como
"stalking horse" para os sindicatos. No mais, infelizmente, tanto do lado católico como também naqueles pluralistas, falta uma elucidação clara e aprofun-
dada das teorias de ambos os lados e das suas relações de ambos os lados.
[167] Retoma-se o texto de A: "O processo histórico que Laski cita com predi-
lecção..."
[168] A: ... é o "combate cultural" de Bismarck contra a Igreja romana.
[169] A: Ele deve provar

78 | CARL SCHMITT

soberano e omnipotente;[170] do mesmo modo, este Estado não venceu no seu combate contra os trabalhadores socialistas, ou não teria sido capaz, no âmbito económico, de retirar das mãos dos sindicatos o poder que repousa no "direito à greve".[171]

[172]Esta crítica é em larga medida pertinente. As expressões acerca da "omnipotência" do Estado são frequentemente, **B43** de facto, apenas secularizações superficiais de fórmulas teológicas acerca da omnipotência de Deus, e a doutrina alemã do século XIX acerca da "personalidade" do Estado é, em parte, uma antítese polémica orientada contra a personalidade do "príncipe" absoluto, em parte, um contornar do dilema entre soberania do príncipe e soberania do povo que se esquiva para o Estado como "terceiro termo mais elevado". Mas, com isso, ainda não está respondida a questão acerca de que "unidade social" (se me é permitido assumir aqui, por uma vez, o conceito liberal inexacto do "social") decide o caso de conflito[173] e

---

[170] A faz ponto final, eliminando as frases seguintes sem fazer parágrafo. Em vez delas, encontra-se em A: "Muito menos é o Estado omnipotente no âmbito económico. Tudo isso é indubitavelmente pertinente e as expressões acerca da "omnipotência" do Estado são, de facto, apenas modos de falar superficiais dos juristas. Mas, com isso, ainda não está respondida a questão..."

[171] C acrescenta: Assim, estes inimigos de Bismarck, depois do colapso do seu império em 1918, puderam colocar-se nas cátedras do Estado monárquico de funcionários, sobrevivendo ainda ao longo de 14 anos como resíduos do combate cultural e da lei socialista e construir um Estado federal de partidos pluralista (*).

(*) A coordenação entre Igrejas e sindicatos, típica para a doutrina pluralista anglo-saxónica, é naturalmente impensável na teoria católica; muito menos a Igreja católica se poderia deixar tratar como igual, na sua essência, a uma internacional sindical. De facto, a Igreja serve ao pluralista social-democrata Laski apenas como guia, no plano da teoria do Estado, para os sindicatos social-democratas e o seu individualismo liberal. No mais, apesar da ligação de 14 anos entre o Partido do Centro Alemão e o Partido Social-Democrata, falta infelizmente, tanto do lado católico como também naqueles pluralistas, uma elucidação clara e fundamental das teorias de ambos os lados e das suas mútuas relações.

[172] Em vez da frase seguinte, encontra-se em C: Semelhantes pluralismos são possíveis enquanto o Estado estiver paralisado como "Estado de direito" liberal e evitar qualquer caso de conflito genuíno. A única pergunta permanece, apesar disso, que "unidade social"...

[173] C: "caso de conflito" em itálico.

O CONCEITO DO POLÍTICO | 79

determina o agrupamento paradigmático segundo amigo e inimigo. Nem uma[174] Igreja, nem um sindicato, nem uma aliança de ambos[175] teriam proibido ou evitado uma guerra que o Reich Alemão, sob Bismarck, quisesse levar a cabo. Naturalmente, Bismarck não podia declarar guerra ao Papa, mas apenas porque o próprio Papa já não tinha qualquer *jus belli*;[176] e também os sindicatos socialistas não pensavam em entrar como "partie belligérante"[177]. Em todo o caso, não seria pensável uma instância que se tivesse podido ou querido contrapor a uma decisão do governo alemão de então que dissesse respeito ao caso de emergência sem, com isso, ela mesma se ter tornado inimigo político e ser atingida por todas as consequências deste **C26** conceito,[178] e, pelo contrário, nem a Igreja nem um sindicato se dispunham à guerra civil[179] (XIV) [180]. Isso é suficiente para fundar um conceito racional de soberania e unidade. A unidade política é, segundo a sua essência, a unidade paradigmática,

---

[174] C: a
[175] Em A, não se encontra "nem uma aliança de ambos".
[176] Em A, frase termina aqui.
[177] C: "partido beligerante"
[178] Em A, frase termina aqui.
[179] C: à guerra civil aberta
(XIV) Como Laski se refere também à controvérsia dos católicos ingleses com Gladstone, citemos aqui as seguintes frases do mais tarde cardeal Newman, da sua carta ao Duque de Norfolk (1874, sobre o escrito de Gladstone: "Os decretos do Vaticano e o seu significado para a fidelidade dos súbditos"): "Suponhamos que a Inglaterra quisesse enviar os seus couraçados para a defesa da Itália contra o Papa e os seus aliados, e então os católicos ingleses ficariam certamente muito escandalizados com isso, e quereriam ainda antes do começo da guerra tomar partido pelo Papa e empregar todos os meios constitucionais para evitar a guerra; no entanto, quem acreditará que, se alguma vez a guerra eclodisse, o seu modo de actuação consistiria em alguma outra coisa do que em orações e esforços para o seu termo? Com que fundamento se poderá afirmar que eles se entenderiam para um qualquer passo da natureza da traição?".
[180] Em C, na nota, a referência a Laski é suprimida. A nota começa assim: "São interessantes para a resposta à pergunta as seguintes frases do mais tarde cardeal Newman, da sua carta ao Duque de Norfolk..."

80 | CARL SCHMITT

independentemente de quais sejam as forças[181] de que retira os seus motivos psíquicos últimos[182]. Ela existe ou não existe. Quando existe, ela é a unidade suprema, isto é, determinante no caso decisivo.

B44 Que o *Estado* é uma unidade, e a unidade paradigmática, baseia-se no seu carácter político. Uma teoria pluralista[183] é ou a teoria do Estado de um Estado que chega à unidade através de um federalismo de grupos sociais, ou apenas uma teoria da dissolução ou refutação do Estado[184]. Quando ela contesta a sua unidade e o coloca como "associação política"[185] que é essencialmente igual a outras associações, por exemplo, religiosas ou económicas, então ela tem[186] sobretudo de responder à pergunta pelo conteúdo específico do político. [187]Con-

---

[181] A: os motivos
[182] A: as suas forças psíquicas últimas
[183] A suprime o resto da frase, e escreve: "Uma teoria pluralista que contesta esta unidade e coloca uma associação política junto com outras, por exemplo, associações religiosas ou económicas, não consegue dar nenhuma resposta à **A204** pergunta pelo conteúdo específico do político. Não se encontra em nenhum dos muitos livros de Laski uma definição determinada do político..."
[184] C: Uma teoria pluralista é ou o retrato pensado de um Estado que chega à unidade através do compromisso diário de grupos sociais, como, por exemplo, o Estado federal de partidos alemão, de 1919 a 1932; ou apenas um instrumento da dissolução ou negação do Estado.
[185] C: Quando se coloca a unidade política como "associação política"
[186] C: ter-se-á
[187] Em C, o texto até ao final do parágrafo e início do subsequente está muito alterado e apresenta a seguinte versão: "Não é suficiente, com perspicácia crítica, voltar-se contra as anteriores hipervalorizações do Estado, contra a sua "autoridade" e sua "omnipotência", contra o seu "monopólio" da unidade suprema. No sistema pluralista, o Estado ora aparece, ao velho modo liberal, como simples servidor da sociedade essencialmente determinada de modo "apolítico", ora, pelo contrário, como uma nova espécie particular de sociedade, por exemplo, como uma corpo-**C27** ração junto de outras corporações, ora, finalmente, como produto de um federalismo de grupos sociais ou uma espécie de grupo-chapéu determinado territorial ou "nacionalmente" acima dos grupos das corporações. No entanto, teria sobretudo de ser esclarecido a partir de que fundamento os homens, juntamente com as corporações religiosas, culturais, económicas e outras, formam também ainda uma corporação política, uma "governmental association", e em que consiste o sentido especificamente político desta última espécie de corporação. Aqui o Estado

O CONCEITO DO POLÍTICO | 81

tudo, não se encontra em nenhum dos muitos livros de Laski uma definição determinada do político, apesar de sempre se falar de Estado, política, soberania e "government". O Estado transforma-se simplesmente numa associação que concorre com outras associações;[188] ele torna-se uma *sociedade* junto de e entre muitas outras sociedades, as quais existem dentro ou fora do Estado. Isso é o "pluralismo" desta teoria do Estado,[189] da qual toda a perspicácia se volta contra as anteriores hipervalorizações do Estado, contra a sua "autoridade" e sua "personalidade", contra o seu "monopólio" da unidade suprema, enquanto aquilo que ainda deverá ser a unidade política em geral permanece doravante obscuro. Ela ora aparece, ao velho modo liberal, como simples servidora da sociedade essencialmente determinada de modo económico, ora, pelo contrário, de um modo pluralista, como uma particular espécie de sociedade, isto é, como uma associação junto de outras associações,[190] ora, finalmente, como produto de um federalismo de grupos sociais ou uma espécie de associação-chapéu de associações. No entanto, teria sobretudo de ser esclarecido a partir de que fundamento os homens, juntamente com as associações religiosas, culturais[191], económicas e outras, formam

---

pluralista, tanto na sua teoria como na sua prática (que conhecemos suficientemente, na Alemanha, dos anos de 1918 a 1932), permanece inteiramente numa penumbra entre liberalismo e socialismo, e numa penumbra pertencente a esta entre privado e público, na qual é possível garantir-se as vantagens da estatalidade sem risco político e jogar *à deux mains*, ora como partido, ora como Estado, ora como "mero homem privado", ora como autoridade estatal. Como teoria do Estado, o pluralismo é apenas um sintoma. Em última análise, ele mais não faz do que, ao serviço de indivíduos politicamente irresponsáveis e de "associações" politicamente irresponsáveis, lançar uma associação contra a outra.

[188] A faz ponto final.

[189] A faz ponto final, e prossegue: "Com isso, a anterior supremacia do Estado, a sua "autoridade" diante da sociedade e o seu "monopólio" da unidade suprema, desapareceram. Considerando-se mais rigorosamente, permanece em Laski inteiramente obscuro aquilo que ainda deverá ser o "Estado". Ele aparece, ao velho modo liberal, como simples servidor da sociedade..."

[190] A suprime o resto da frase.

[191] Em A, não consta "culturais".

82 | CARL SCHMITT

também ainda uma associação política[192], uma "governmental association"[193], e em que consiste o sentido[194] especificamente político desta última espécie de associação[195]. [196] Não se consegue reconhecer aqui uma linha segura e clara do curso do pensamento,[197] e como conceito último, abrangente, inteiramente monístico-universal e de modo nenhum pluralista aparece, em Cole, a "society", e em Laski a "humanity".

Esta teoria do Estado pluralista é, sobretudo, em si ela mesma pluralista, isto é, ela não tem qualquer centro, mas retira os seus motivos de pensamento de círculos de ideias completamente **B45** diferentes (religião, economia, liberalismo, socialismo, etc); ela ignora o conceito central de qualquer doutrina do Estado, o político,[198] e não esclarece alguma vez a possibilidade de que o pluralismo dos grupos possa conduzir a uma unidade política construída de modo federalista; ela permanece inteiramente presa num individualismo liberal, pois, em última análise, mais não faz do que, ao serviço do indivíduo livre e das suas livres associações, lançar uma associação contra a outra, no que todas as questões e conflitos são decididas a partir do indivíduo. [199] Na verdade, não há nenhuma "sociedade" ou "associação" política[200], há apenas uma unidade[201] política, uma "comunidade" política. A possibilidade real do agrupamento de amigo e inimigo é suficiente para criar, para além daquilo que é meramente associativo-societal, uma unidade paradigmática, a qual é algo especificamente diferente e algo decisivo em relação às

---

[192] A: associações políticas
[193] Em A, "uma "governmental association" não consta.
[194] A: fim
[195] A: destas associações
[196] A: Encontra-se aqui uma fundamental falta de clareza; não se consegue reconhecer...
[197] Em A, a frase termina aqui, prosseguindo-se sem fazer parágrafo.
[198] Em A faz-se ponto final e suprime-se o passo seguinte, até à frase que começa: "Na verdade...".
[199] C inaugura aqui um parágrafo e o texto prossegue quase inalterado.
[200] C: "sociedade", "corporação" ou "associação" política
[201] C: "unidade" em itálico

O CONCEITO DO POLÍTICO | 83

restantes associações(^XV)[202]. Se esta unidade, mesmo numa eventualidade[203][204], faltar, falta também o próprio político. Só enquanto a essência do político não for reconhecida ou não se reparar nela será possível colocar uma "associação"[205] política, de um modo pluralista, junto de uma associação[206] religiosa, cultural[207], económica ou outra, e fazê-la entrar em concorrência com elas. A partir do conceito do político resultam, no entanto, como se deverá mostrar abaixo (em 6[208])[209], consequências pluralistas, mas não no sentido de que *dentro* de uma e da mesma unidade política[210], no lugar do agrupamento paradigmático amigo-inimigo, pudesse surgir um pluralismo sem que, com a unidade, também o próprio político fosse destruído. **C28**

5.

Ao Estado, enquanto unidade essencialmente política, per- **A205** tence o *jus belli*, isto é, a possibilidade real de, num caso dado, determinar o inimigo em virtude de uma decisão própria e combatê-lo. Com que meios técnicos o combate é levado a cabo, que organização do exército existe, quão grandes são as expectativas de ganhar a guerra, é aqui indiferente, enquanto o povo

---

(^XV) "Podemos dizer que, no dia da mobilização, a sociedade que até então existia se transformou numa comunidade", E. Lederer, *Archiv f. Soz.-Wiss.* 39 (1915), p. 349.

[202] Nota suprimida em C.

[203] Em A, não consta "mesmo numa eventualidade".

[204] C: possibilidade

[205] C: "associação" ou "corporação"

[206] C: corporação

[207] Em A, não consta "cultural"

[208] C: 7

[209] Em A, não consta o parêntesis

[210] A: dentro da unidade política

B46 politicamente unido[211] estiver pronto para combater pela sua existência e pela sua independência, no que ele determina em virtude de uma decisão própria em que consiste a sua independência e liberdade. O desenvolvimento da técnica militar parece conduzir para que talvez já só restem poucos Estados[212] aos quais o seu poder industrial permite fazer uma guerra com boas expectativas, enquanto Estados[213] mais pequenos e mais fracos renunciam, voluntariamente ou constrangidos pela necessidade, ao *jus belli*, [214]quando não conseguem conservar a sua autonomia através de uma correcta política de alianças. Com este desenvolvimento não está provado que guerra, Estado e política em geral terminaram. Cada uma das incontáveis mudanças e alterações[215] da história e do desenvolvimento humanos produziu novas formas e novas dimensões do agrupamento político,[216] aniquilou formações políticas anteriormente existentes,[217] deu azo a guerras exteriores e a guerras civis, e ora multiplicou ora diminuiu o número das unidades políticas organizadas.

O Estado, enquanto unidade política paradigmática, concentrou em si uma prerrogativa imensa: a possibilidade de fazer a guerra e, com isso, de dispor abertamente sobre a vida de homens. Pois o *jus belli* contém uma tal disposição; ele significa a dupla possibilidade de requerer daqueles que pertencem ao próprio povo a preparação para a morte e para a matança, e para matar homens que estejam do lado inimigo. [218]No entanto, o desempenho de um Estado normal consiste sobre-

C29 tudo em introduzir *dentro* do Estado e do seu território uma

---

[211] A: o povo que forma a unidade política
[212] A: povos
[213] A: povos
[214] C: ... quando não conseguem encontrar apoio no sistema político de uma potência maior ou quando...
[215] A: Cada mudança e alteração
[216] A: e
[217] Frase em A termina aqui.
[218] Em A, são eliminados o resto do parágrafo e os parágrafos seguintes. O texto continua, sem fazer parágrafo, com o parágrafo que começa: "A prerrogativa..."

O CONCEITO DO POLÍTICO | 85

completa pacificação, em produzir "tranquilidade, segurança e ordem" e, através disso, em criar a situação *normal*, a qual é o pressuposto para que em geral possam ser válidas normas jurídicas, pois cada norma pressupõe uma situação normal e nenhuma norma pode ter validade para uma situação que seja, em relação a ela, completamente anormal. [219]

Esta necessidade de uma pacificação intra-estatal conduz, em situações críticas, a que o Estado, enquanto unidade política, enquanto existir, determine a partir de si também o "inimigo interno". [220] Daí que em todos os Estados haja, numa forma qualquer, aquilo que o direito do Estado das repúblicas gregas conhecia como declaração de πολέμιος, e o direito do Estado romano como declaração de *hostis*, espécies de ostracismo, de banimento, de proscrição, de perseguição, de colocação *hors-la-loi*, numa palavra, de *declaração de inimizade* intra-estatal que, mais suave ou mais incisivamente, surgem *ipso facto* ou actuam com base em leis especiais sob a forma da justiça, que são abertas ou escondidas em circunscrições gerais. Isso é[221], em cada caso segundo a relação daquele que é declarado como inimigo do Estado, o sinal da guerra civil, isto é, da dissolução do Estado enquanto unidade política organizada, em si pacificada, fechada territorialmente em si e vedada a estrangeiros. Através da guerra civil é, então, decidido o destino subsequente desta unidade. [222]Tal não é menos válido para um Estado de direito burguês constitucional, mas até de um modo mais evidente do que para qualquer outro Estado, apesar de todos os vínculos do Estado à lei constitucional. Pois no "Estado constitucional", como diz Lorenz von Stein, a constituição é a "expressão da ordem social, a existência da própria sociedade do Estado burguês. Se ela for atacada, o combate tem, por isso, de se decidir fora da constituição e do direito, *ou seja, com a violência das armas*".

B47

---

[219] C não faz parágrafo
[220] C faz parágrafo
[221] C: ou a produção da similaridade [*Gleichartigkeit*] e da unidade política ou...
[222] O texto subsequente é suprimido em C.

86 CARL SCHMITT

[223]A partir da história grega, o *psephisma*[224] *des demophantos* poderia ser o exemplo mais famoso; esta resolução popular, tomada pelo povo ateniense depois da expulsão dos Quatrocentos no ano de 410 a. C., declava de qualquer um que tentasse dissolver a democracia ateniense que ele "seria um inimigo dos atenienses" (πολέμιος ἔστω Ἀθηναίων); mais exemplos e literatura em Busolt-Swoboda, *Griechische Staatskunde*, 3. Edição, 1920, p. 231, 532; sobre a declaração de guerra anual dos éforos espartanos aos hilotas que viviam dentro do Estado, *idem*, p. 670. Sobre a declaração de *hostis* no direito do Estado romano: Mommsen, *Röm. Staatsrecht*, III, p. 1240 ss.; sobre as proscrições, *idem* e II, p. 735 ss.; sobre perseguição, ostracismo e banimento, veja-se sobretudo, juntamente com os manuais conhecidos de história do direito alemão, sobretudo Ed. Eichmann, *Acht und Bann im Reichsrecht des Mittelalters*, 1909. A partir da prática dos jacobinos e do *Comité de salut public*, encontram-se numerosos exemplos de uma declaração de *hors-la-loi* na história da revolução francesa de Aulard[225]; de destacar é um relatório do *Comité de salut public* citado por E. Friesenhahn, *Der politische Eid*, 1928, p. 16: "Depuis le peuple français a manifesté sa volonté *tout ce qui lui est opposé est hors le souverain; tout ce qui est hors le souverain, est ennemi...* Entre le peuple et ses ennemis il n'y a plus rien de commun que la glaive".

C30

[226]Uma perseguição pode também ser levada a cabo de maneira a que, para os membros de determinadas religiões ou partidos, se supõe a falta de uma disposição pacífica ou legal. Disto encontram-se incontáveis exemplos na história política dos hereges e heréticos[227], para os quais é característica a[228] seguinte argu-

B48

mentação de Nicolas de Vernul (*de una et diversa religione*, 1646): o herege não pode ser tolerado no Estado nem quando ele for

---

[223] C retoma aqui o texto.

[224] C: Resolução popular

[225] C elimina a referência a "de Aulard", suprimindo igualmente os passos seguintes.

[226] C retoma o texto.

[227] C: dos hereges, heréticos e demais inimigos internos

[228] C substitui a passagem até ao fim do parágrafo pelo seguinte texto: "... é característica a argumentação de que precisamente os hereges, na realidade, não podem de todo ser pacíficos. O sistema da coligação de Weimar tratou os nacional-socialistas como ilegais e "não pacíficos"."

O CONCEITO DO POLÍTICO | 87

pacífico (*pacifique*), pois homens como os hereges não podem de todo ser pacíficos (citado por H. J. Elias, *L'église et l'état, Revue belge de philologie et d'histoire*, V, 1927, Caderno 2/3). As formas atenuadas das declarações de *hostis* são numerosas e diversificadas: confiscos, expatriamentos, proibições de organização e de reunião, exclusão de cargos públicos, etc. – A passagem de Lorenz von Stein há pouco citada encontra-se na sua descrição do desenvolvimento político-social da Restauração e da Monarquia de Julho em França, *Geschichte der sozialen Bewegung in Frankreich*, vol. I: *Der Begriff der Gesellschaft*, ed. von Salomon, p. 494.

[229]A prerrogativa de dispor sobre a vida e a morte de um homem na forma de um juízo penal, o *jus vitae ac necis*, pode também caber a uma outra ligação existente dentro da unidade política, como à família ou ao chefe de família, mas não o *jus belli* ou o direito de declaração de *hostis*[230], enquanto a unidade política estiver presente como tal. Também um direito de vingança de sangue entre as famílias ou os clãs teria de ser suspenso[231] pelo menos[232] durante uma guerra, se em geral existir uma unidade política. Um grupo humano que quisesse renunciar a estas consequências da unidade política[233] não seria um grupo político, pois renunciaria à possibilidade de decidir paradigmaticamente quem considera e trata como inimigo. Através deste poder sobre a vida física dos homens, a comunidade política eleva-se acima de qualquer outra espécie de comunidade ou sociedade. Dentro da comunidade, podem voltar a existir formações inferiores, de carácter político secundário[234], com prerrogativas próprias ou delegadas, [235]e

---

[229] Retoma-se o texto de A.
[230] Em A, não consta "ou o direito de declaração de *hostis*"
[231] C... famílias ou clãs, tal como os duelos entre homens singulares, teriam de ser suspensos...
[232] Em A, "pelo menos" não consta.
[233] A: do *jus belli*
[234] A: formações políticas inferiores
[235] A: "... delegadas, mas, enquanto existir a unidade, não com um jus belli autónomo."

88 | CARL SCHMITT

mesmo com um *jus vitae ac necis*[236] limitado aos membros de um grupo mais restrito.

[237] Uma comunidade religiosa, uma Igreja, pode requerer daquele que é seu membro que ele morra[238] pela sua fé e que sofra[239] a morte dos mártires, mas[240] só por causa da salvação da sua própria alma, não pela comunidade eclesiática[241] enquanto formação de poder que esteja no aquém; senão ela torna-se uma grandeza política; as suas guerras santas e cruzadas são acções que, como outras guerras, são baseadas numa decisão sobre o inimigo[242]. Numa sociedade economicamente determinada, cuja ordem, isto é, cujo funcionar calculável decorre no domínio de categorias[243] económicas, não pode, em nenhum ponto de vista que seja pensável, ser requerido que um qualquer membro da sociedade sacrifique a sua vida no interesse do seu funcionamento imperturbado[244]. Fundamentar uma tal exigência com finalidades económicas seria, designadamente, uma contradição contra os princípios individualistas de uma ordem económica liberal[245], e que nunca se podem justificar a partir das normas ou ideais de uma economia pensada autonomamente[246] [247]. O homem singular pode

C31
B49

A206

---

[236] C: direito de vida e de morte
[237] C começa aqui o ponto 6.
[238] C: dos seus membros que eles morram
[239] C: sofram
[240] C: mas não pela comunidade eclesiática enquanto formação de poder que esteja no aquém, que possa combater com outros grupos humanos
[241] A termina a frase aqui: "... pela comunidade religiosa enquanto tal."
[242] C: são acções que podem basear-se numa decisão sobre o inimigo particularmente genuína e profunda.
[243] C: regras
[244] C: do funcionamento imperturbado destas regras
[245] A: princípios individualistas da sociedade
[246] A: a partir das normas ou ideais económicos.
[247] C: Fundamentar uma tal exigência com finalidades económicas não seria apenas uma contradição contra os princípios individualistas de uma ordem económica liberal; também nunca se poderia explicar a partir das normas ou ideais de uma economia pensada "autonomamente" como regulando-se a si mesma.

O CONCEITO DO POLÍTICO | 89

morrer voluntariamente pelo que quiser[248]; isso é, como tudo
o que é essencial numa sociedade individualista-liberal, inteiramente uma "questão privada", isto é, questão da sua resolução
livre, não-controlada, que não diz respeito a ninguém senão
àquele mesmo que toma a resolução livremente.[249]

A sociedade que funciona economicamente tem[250] meios
suficientes para colocar aqueles que são inferiores e mal-
-sucedidos na concorrência económica, ou mesmo aquele que
é um "perturbador", fora do seu círculo[251], e para torná-lo
inócuo de uma maneira não violenta, "pacífica"[252], dito concretamente, para fazê-lo passar fome[253], se não se adequar
voluntariamente; a um sistema social puramente cultural ou
civilizatório não faltarão "indicações sociais" para eliminar ameaças indesejadas ou um crescimento indesejado. Mas nenhum
programa, nenhum ideal, nenhuma norma e nenhuma finalidade fornece um direito de dispor sobre a vida física de outros
homens. [254]Exigir dos homens, seriamente, que eles matem
homens e estejam preparados para morrer para que o comércio e a indústria dos sobreviventes floresça ou a capacidade de
consumo dos netos prospere é cruel e louco. Execrar a guerra
como assassínio de homens, e depois requerer dos homens

---

[248] A termina aqui a frase com ponto final. Recomeça a frase seguinte sem
fazer parágrafo.

[249] C não faz parágrafo.

[250] A: encontrará também

[251] A diz simplesmente: "... para colocar um perturbador fora do seu círculo"

[252] C faz ponto final e apresenta até ao final do parágrafo o texto modificado:
"Dito concretamente: fá-lo passar fome, se não se adequar voluntariamente. A um
sistema social puramente "cultural" ou "civilizatório" não faltarão "indicações
sociais" para abortar um crescimento indesejado ou fazer desaparecer aqueles
que são inapropriados numa "morte livre" ou "eutanásia". Mas nenhum programa,
nenhum ideal e nenhuma finalidade poderiam fundar um direito público de dispor
sobre a vida física de outros homens."

[253] A: "... para fazê-lo passar fome em caso de necessidade. Mas não há
nenhum programa, nenhuma norma e nenhuma finalidade, por muito correcto,
racional e sublime que seja, de cujo conteúdo possa surgir um direito de dispor
sobre a vida física de outros homens. Exigir dos homens, seriamente..."

[254] C abre parágrafo.

90 | CARL SCHMITT

que façam a guerra, que matem e se deixem matar na guerra, para que "nunca mais haja guerra", é um manifesto embuste.

A guerra, a preparação para a morte de homens combatentes, a morte física de outros homens que estão do lado do inimigo, nada disto tem um sentido normativo, mas apenas existencial, e isso na realidade de uma situação de combate real contra um inimigo real, não em quaisquer ideais, programas ou normatividades. Não há nenhum fim racional, nenhuma norma tão correcta, nenhum programa tão modelar[255], nenhum ideal social[256] tão belo[257], nenhuma legitimidade ou legalidade que pudesse justificar[258] que homens se matem uns aos outros por eles. Se uma tal aniquilação física da vida humana não acontecer a partir de uma afirmação conforme ao ser da forma própria de existência, diante de uma negação desta forma que é igualmente conforme ao ser, ela não se poderá justificar. Nem com normas éticas e jurídicas se pode fundamentar uma guerra. Se houver realmente inimigos, num significado que seja conforme ao ser, tal como aqui se quer dizer, então faz sentido, mas apenas faz sentido politicamente[259], repeli-los fisicamente em caso de necessidade e combater com eles.[260]

[261]Desde Grotius que é em geral reconhecido que a justiça não pertence ao conceito da guerra(XVI). As construções

---

[255] A: ideal
[256] Em C, "ideal social" está entre aspas.
[257] Em A, não consta "nenhum ideal social tão belo"
[258] Em C, "justificar" está entre aspas.
[259] A e C: ... e faz sentido politicamente
[260] Em A encerra-se o parágrafo acrescentando a seguinte frase: "Tal não é uma legitimação ou justificação, mas tem um sentido puramente existencial."
[261] C começa o parágrafo da seguinte maneira: "Na exigência de uma *guerra justa* podem estar contidos cursos de pensamento de diferentes espécies. Hoje, as construções que exigem uma guerra justa servem habitualmente apenas o encobrimento de um fim político, pois procuram a justiça numa normatização jurídica qualquer ou no procedimento em forma judiciária de determinados juízes e tribunais, mas não no sentido real dos povos. Requerer de um povo politicamente uno que só faça guerra a partir de um fundamento justo é algo inteiramente óbvio, se isso quiser dizer que só se pode fazer guerra contra um inimigo real. Mas frequen-

O CONCEITO DO POLÍTICO | 91

que exigem uma guerra justa servem habitualmente, elas mesmas, um fim político. Requerer de um povo politicamente uno que só faça guerra a partir de um fundamento justo ou é algo inteiramente óbvio, se isso quiser dizer que só se deve fazer guerra contra um inimigo real; ou esconde-se atrás disso o propósito político de depositar em outras mãos a disposição sobre o *jus belli* e de encontrar normas de justiça sobre cujo conteúdo e aplicação no caso singular não é o próprio Estado[262] que decide, mas um qualquer outro terceiro[263] que, desta maneira, determina quem é o inimigo. Enquanto um povo **A207** existir na esfera do político, ele tem de determinar ele mesmo, ainda que apenas para o caso mais extremo – sobre cuja presença, no entanto, é ele mesmo que decide –, a diferenciação entre amigo e inimigo[264]. Nisso se encontra a essência da sua existência política. Se já não tiver a capacidade ou a vontade desta diferenciação, ele deixa de existir politicamente. Se se deixar prescrever por um estrangeiro quem é o seu inimigo[265] e contra quem pode ou não combater, ele já não será um povo **C33** politicamente livre[266] e estará incluído ou subordinado a um outro sistema político. Uma guerra tem o seu sentido em ela ser levada a cabo não por ideais[267] ou normas jurídicas, mas contra um inimigo real[268][269]. Todos os ofuscamentos desta **B51**

---

temente esconde-se atrás da exigência da guerra justa o propósito político de depositar em outras mãos..."

(XVI) *De jure belli ac pacis*, 1, I, c. I, nº 2: "*Justitiam in definitione (sc. belli) non incluo*" [N. T.: Não incluo a justiça na definição de guerra]. Na escolástica medieval, a guerra contra os infiéis valia como *bellum justum* (portanto, como guerra, não como "execução", "medida pacificadora" ou "sanção").

[262] A: povo

[263] A: mas uma qualquer outra instância

[264] C acrescenta: "*ele mesmo por uma decisão própria e com base no próprio perigo*".

[265] C traz em itálico "estrangeiro" e "inimigo"

[266] A termina aqui a frase.

[267] A: altos ideais

[268] A: contra o inimigo próprio.

[269] Em C "inimigo real" está em itálico.

92 | CARL SCHMITT

categoria de amigo e inimigo explicam-se a partir da mistura com quaisquer abstracções ou normas.

Um povo politicamente existente não pode, portanto, renunciar a diferenciar amigo e inimigo, num caso dado, através de uma determinação própria e por sua própria conta e risco. [270]Ele pode proclamar solenemente a declaração de que condena a guerra como meio para a resolução de casos de contenda internacional e de que renuncia a ela como "instrumento de política nacional", tal como aconteceu no chamado Pacto Kellogg, em 1928([XVII]). Com isso, nem ele renunciou à guerra como instrumento de política internacional (e uma guerra que serve a política internacional pode ser pior que a guerra que serve apenas uma política nacional), nem ele "condenou" ou

---

[270] Em A não consta o resto do parágrafo, continuando o texto com a primeira frase do parágrafo seguinte.

([XVII]) A tradução oficial alemã (*Reichsgesetzblatt*, 1929, II, p. 97) diz "*julgar* [*verurteilen*] a guerra como meio para a resolução de casos de conflito internacional", enquanto o texto anglo-americano fala de *condemn*, e o francês de *condamner*. O texto do Pacto Kellogg-Briand de 27 de Agosto de 1929 está publicado com as mais importantes reservas – a honra nacional da Inglaterra, a autodefesa, o estatuto da Sociedade das Nações e Locarno, bem-estar e integridade de territórios como o Egipto, a Palestina, etc.; França: autodefesa, o estatuto da Sociedade das Nações, Locarno e tratados de neutralidade, sobretudo também a manutenção do próprio Pacto Kellogg; Polónia: autodefesa, a manutenção do próprio Pacto Kellogg, o estatuto da Sociedade das Nações – reproduzidas no caderno de fontes: *Der Völkerbund und das politische Problem der Friedenssicherung*, Teubners Quellensammlung für den Geschichtsunterricht, IV, 13, Leipzig, 1930. O problema jurídico geral das reservas ainda não encontrou um tratamento sistemático, nem mesmo onde, em apresentações detalhadas, foram mencionados a santidades dos tratados e o princípio *pacta sunt servanda*. Um início extremamente digno de atenção para o tratamento científico que até agora falta encontra-se, no entanto, em Carl Bilfinger, Betrachtungen über politisches Recht, *Zeitschrift für ausländisches öffentliches Recht*, vol. 1, pp. 57 ss., Berlim, 1929. Sobre o problema geral de uma humanidade pacificada, cf., no texto, o que será exposto a seguir no ponto 6; sobre o Pacto Kellogg não proibir a guerra, mas sancioná-la, cf. Borchardt, The Kellogg Treaties santion war, *Zeitschrift für ausländisches öffentliches Recht*, 1929, pp. 126 ss., e Arthur Wegner, *Einführung in die Rechtswissenschaft II* (Göschen, nº 1048), pp. 109 ss..

O CONCEITO DO POLÍTICO | 93

"proscreveu" a guerra em geral. Em primeiro lugar, uma tal declaração está inteiramente sob reservas[271] determinadas que, explícita ou implicitamente, se compreendem por si mesmas, por exemplo, sob a reserva da existência estatal própria e da auto-defesa, sob a reserva dos tratados existentes, do direito a continuar a ter uma existência livre e independente, etc.; em segundo lugar, estas reservas, no que diz respeito à sua estrutura **B52** lógica, não são meras excepções em relação à norma, mas só elas dão à norma em geral o seu conteúdo concreto, não são res- **C34** trições periféricas da obrigação que conservam excepções, mas reservas que fornecem normas sem as quais a obrigação não teria conteúdo; em terceiro lugar, enquanto estiver presente um Estado independente, este Estado decide por si mesmo, em virtude da sua independência, sobre se está dado ou não o caso de uma tal reserva (auto-defesa, ataque de um opositor, desrespeito dos tratados existentes, inclusive do próprio Pacto Kellogg, etc.); em quarto lugar, por fim, não se pode "condenar" em geral "a guerra", mas apenas determinados homens, povos, Estados, classes, religiões, etc. que através de uma "condenação" devem ser declarados como inimigos.[272] Assim, também a solene "condenação da guerra" não suprassume a diferenciação amigo-inimigo, mas, mediante novas possibilidades de uma declaração internacional de *hostis*, dá-lhe um novo conteúdo e uma nova vida.[273]

[274]Se esta diferenciação faltar, faltará a vida política em geral. De modo nenhum cabe livremente a um povo politicamente existente[275] furtar-se a esta fatal diferenciação através de proclamações esconjuradoras[276]. Se uma parte do povo declara que já não conhece qualquer inimigo, então ela,

---

[271] C: *reservas* determinadas que deixam abertas especificamente decisões políticas, que, explícita ou implicitamente...
Em C, "reservas" está em itálico.
[272] C faz parágrafo.
[273] C não faz parágrafo.
[274] Sem fazer parágrafo, retoma-se aqui o texto de A.
[275] Em A, não consta "politicamente existente".
[276] A: proclamações e renúncias

94 CARL SCHMITT

segundo a situação que esteja em causa, coloca-se ao lado dos inimigos e ajuda-os, mas a diferenciação entre amigo e inimigo não está com isso suprassumida[277]. Se os cidadãos de um Estado afirmarem acerca de si que não têm pessoalmente quaisquer inimigos, isso nada tem a ver com esta questão, pois um homem privado não tem quaisquer inimigos políticos; no máximo, com tais declarações, ele pode querer dizer que desejaria sair da colectividade política à qual pertence de acordo com a sua existência e viver já só como homem privado(XVIII).

B53 Seria, aliás, um erro acreditar que um povo singular poderia, através de uma declaração de amizade a todo o mundo ou ao desarmar-se voluntariamente, eliminar a diferenciação entre amigo e inimigo[278]. Desta maneira, o mundo não se torna despolitizado e não é deslocado para um estado de pura moralidade, de pura juridicidade[279] ou de pura economicidade.

C35 Quando um povo teme os esforços e o risco da existência política, encontrar-se-á precisamente um outro povo que o aliviará desses esforços na medida em que assumirá a sua "protecção contra inimigos exteriores" e, com isso, o domínio político;[280] o senhor protector determina, então, o inimigo[281] em virtude da conexão eterna entre *protecção* e *obediência*.[282]

---

[277] A: eliminada

(XVIII) Então é assunto da comunidade política regular de alguma maneira esta espécie de ser particular não público, politicamente desinteressado (através de privilégios de direito relacionados com os estrangeiros, de particularizações organizadas, de extraterritorialidade, de permissões de estada e de concessões, de legislação relacionada com metecos ou de outra maneira qualquer). Sobre o anseio por uma existência não política destituída de riscos (definição do *bourgeois*), cf. a expressão de Hegel, abaixo, em B63.

[278] C: ... desarmar-se, desmilitarizar-se e neutralizar-se, acabar por si com a diferenciação entre amigo e inimigo.

[279] Em A, não consta "de pura juridicidade".

[280] C faz ponto final.

[281] Em C, "O senhor protector determina, então, o inimigo" está em itálico.

[282] A elimina os dois parágrafos seguintes, e prossegue sem fazer parágrafo.

O CONCEITO DO POLÍTICO | 95

Não apenas é neste princípio que repousa a ordem feudal e a relação[283] entre suserano e vassalo, líder e seguidor, patrão e clientela, a qual apenas o deixa emergir de um modo particularmente claro e aberto, não o encobrindo, mas não há qualquer supremacia e subordinação, qualquer legitimidade ou legalidade racionais, sem a conexão entre protecção e obediência. O *protego ergo obligo* é o *cogito ergo sum* do Estado, e uma doutrina do Estado que não se torne sistematicamente consciente deste princípio permanece um fragmento insatisfatório. Hobbes designou (na conclusão da edição inglesa de 1651, p. 396) como o autêntico fim do seu "Leviatã" voltar a trazer para a frente do olhar dos homens a "mutual relation between Protection and Obedience", cuja observação inquebrantável é exigida tanto pela natureza humana como pelo direito divino.[284]

Hobbes experimentou esta verdade nos tempos nefastos da guerra civil, pois então acabaram-se todas as ilusões legitimistas e normativistas com as quais os homens de bom grado se iludem acerca das realidades políticas em tempos de segurança imperturbada. Se dentro de um Estado os[285] partidos organizados estiverem aptos a garantir aos seus membros mais protecção do que o Estado, então o Estado tornar-se-á, no melhor dos casos, num anexo destes partidos, e o cidadão singular saberá a quem terá de obedecer. Isso pode justificar uma "teoria pluralista do Estado", tal como acima (em 4[286]) foi tratada. Nas relações de política externa e inter-estatais, a correcção elementar deste axioma de protecção-obediência emerge ainda mais claramente: o protectorado do direito das gentes, a hegemónica federação de Estados ou o Estado federal, os tratados de protecção e de garantia de tipo variado encontram nele a sua fórmula mais simples.

[287]Seria tonto acreditar que um povo sem defesa já só teria amigos, e seria um cálculo perturbado acreditar que o inimigo pudesse talvez ser comovido pela ausência de resistência.

---

[283] Em C: a ordem feudal da relação
[284] C não faz parágrafo.
[285] C: vários
[286] C: p. 23 ss.
[287] Retoma-se o texto de A.

96 | CARL SCHMITT

[288]Ninguém acharia possível que os homens, através de uma renúncia a qualquer produtividade estética ou económica, pudessem transferir o mundo, por exemplo, para um estado de pura moralidade; mas muito menos poderia um povo[289], A208 através da renúncia a toda a decisão política, introduzir um B54 estado da humanidade puramente moral ou puramente económico. [290]Por um povo já não ter a força ou a vontade de se manter na esfera do político, o político não desaparece do mundo. Desaparece apenas um povo fraco.

6.[291]

Da marca conceptual do político segue-se o pluralismo do mundo dos Estados. [292]A unidade política pressupõe a possibilidade real do inimigo e, com isso, uma outra unidade política C36 coexistente. Daí que sobre a Terra haja, enquanto houver em geral um Estado, sempre mais Estados[293], e que não possa haver nenhum "Estado" mundial que abarque toda a Terra e a humanidade inteira. O mundo político é um *pluriversum*, não um *universum*. Nesta medida, toda a teoria do Estado é pluralista[294], se bem que num outro sentido em relação à teoria pluralista-intra-estatal acima mencionada[295] (em 4[296]). A uni-

---

[288] As frases seguintes não constam em C.
[289] A: Tal como um homem, através da renúncia a uma produtividade estética ou económica, não transfere o mundo para o estado de pura moralidade, também um povo, através da renúncia à decisão política, não pode...
[290] Retoma-se o texto em C.
[291] C: 7
[292] C começa a partir daqui.
[293] C: "sempre mais Estados" em itálico.
[294] Em C, "pluralista" está entre aspas.
[295] A: à teoria pluralista de Laski acima mencionada.
[296] C: p. 23.

O CONCEITO DO POLÍTICO | 97

dade política, segundo a sua essência, não pode ser universal[297] no sentido de uma unidade que abarque toda a humanidade e a Terra inteira. Se os diferentes povos, as diferentes religiões, classes e outros grupos humanos da Terra estivessem tão unidos[298] que um combate entre eles se tornasse impossível e impensável, se, dentro de um império que abrangesse a Terra inteira, nunca mais se considerasse de facto para todos os tempos uma guerra civil, nem sequer como possibilidade, ou seja, se a diferenciação entre amigo e inimigo terminasse[299][300] mesmo segundo a mera eventualidade, então[301] já só haveria mundividência limpa de política, cultura, civilização, economia, moral, direito, arte, entretenimento, etc.[302], mas nem política nem Estado. Se e quando surgirá este estado da Terra e da humanidade, não o sei. Por agora, não existe. Seria uma ficção desonrosa assumi-lo como presente, e seria uma confusão que rapidamente se desfaria achar que, porque hoje uma guerra entre grandes potências se converte facilmente numa "guerra mundial", o termo desta guerra teria, em consequência disso, de apresentar a "paz mundial" e, com isso, aquele estado final idílico de uma despolitização completa e definitiva[303][304].

---

[297] Em A, a frase termina aqui.
[298] A: Se os diferentes povos e grupos humanos da Terra estivessem tão unidos...
[299] A: "...se tornasse realmente impossível, ou seja, se a diferenciação entre amigo e inimigo terminasse..."
[300] C: "terminasse inteiramente"
[301] C: ... então os homens teriam a completa segurança da sua fruição da vida no aquém. O velho princípio de que nesta vida não se deve esperar uma segurança completa – *plena securitas in hac vita non expectanda* – estaria ultrapassado. Também não haveria, por conseguinte, nem política nem Estado, mas já só mundividência limpa de política, cultura, civilização, economia, moral, direito, arte, entretenimento, etc.. Se e quando...
[302] A: ... "já só haverá economia, moral, direito, arte, etc."
[303] A: estado final idílico de uma ausência do Estado.
[304] C: Seria uma ficção assente num embuste assumi-lo como presente para hoje ou para amanhã; e seria uma ilusão que rapidamente se desfaria achar que, porque a última guerra contra a Alemanha foi uma "guerra mundial", o termo desta guerra...

98 | CARL SCHMITT

A *humanidade*, enquanto tal, não pode fazer qualquer guerra, pois ela não tem qualquer inimigo, pelo menos não neste pla-

B55 neta. O conceito de humanidade exclui o conceito de inimigo, pois também o inimigo não deixa de ser homem e nele não se encontra nenhuma diferenciação específica. Que sejam feitas

C37 guerras em nome da humanidade não é nenhuma refutação desta verdade simples, mas tem apenas um sentido político particularmente intensivo. Quando um Estado combate o seu inimigo político em nome da humanidade, isso não é nenhuma guerra da humanidade, mas uma guerra[305] na qual um Estado determinado, diante do seu opositor na guerra, procura ocupar um conceito universal, para (à custa do opositor) com ele se identificar,[306] de modo semelhante a como se pode usar equivocamente[307] paz, justiça, progresso, civilização para os reivindicar para si e recusá-los ao inimigo. A "humanidade" é um instrumento ideológico das expansões imperialistas particularmente utilizável e, na sua forma ético-humanitária, um veículo específico do imperialismo económico[308]. Para aqui, com uma modificação aproximada, é válido um dito cunhado por Proudhon: quem diz humanidade quer enganar. [309]O emprego do nome "humanidade", a evocação da humanidade, o confisco[310] desta palavra, tudo isso, como afinal de contas não se pode empregar tais nomes sublimes[311] sem certas con-

---

[305] A termina a frase assim: "uma guerra que um Estado faz a outro Estado." As frases seguintes não constam.

[306] C faz ponto final.

[307] C: termos como...

[308] Em C, texto ligeiramente alterado: "O conceito da "humanidade" é um instrumento de alargamento imperialista do poder particularmente utilizável. Na sua forma ético-humanitária, este termo é até um instrumento muito típico do imperialismo económico."

[309] Retoma-se texto de A: O nome da humanidade, como afinal de contas não se pode empregar tais "nomes" sem certas consequências, só poderia ter o significado terrível de que ao inimigo é recusada a qualidade de homem e de que, através disso, a guerra se tornará particularmente inumana.

[310] C: a monopolização

[311] Em C suprimiu-se o adjectivo "sublimes"

O CONCEITO DO POLÍTICO | 99

sequências, só poderia manifestar a terrível reivindicação de que ao inimigo é recusada a qualidade de homem, de que ele é declarado *hors-la-loi* e *hors l'humanité* e de que, através disso, de que a guerra deve ser levada à mais extrema inumanidade (XIX). No entanto, abstraindo desta empregabilidade altamente política[312] do nome apolítico de humanidade, não há quaisquer guerras da humanidade enquanto tal. A humanidade não é um conceito político, e também não lhe corresponde qualquer unidade ou comunidade política[313] nem qualquer *status*. O conceito humanitário de humanidade do século XVIII era uma negação polémica da ordem aristocrático-feudal ou estamental então existente, e dos seus privilégios[314] [315]. A huma- **B56** nidade das doutrinas do direito natural e liberais-individualistas **C38** é uma construção ideal universal[316] [317], isto é, uma construção ideal social que abrange todos os homens da Terra, um sistema de relações entre homens singulares que só está realmente[318] presente quando a possibilidade real do combate **A209** estiver excluída[319] e qualquer agrupamento amigo-inimigo se tiver tornado impossível. Nesta sociedade universal, já não

---

(XIX) Sobre a "proscrição" da guerra, cf. acima B51. Pufendorff (*de Jure Naturae et Gentium*, VIII, c. VI, § 5) cita, concordando com ela, a expressão de Bacon de que determinados povos são "proscritos pela própria natureza", por exemplo, os índios, porque comem carne humana. Os índios da América do Norte são, então, também realmente erradicados. Numa civilização que progride e numa moralidade que se incrementa, talvez sejam suficientes coisas mais inofensivas do que o canibalismo para, dessa maneira, serem proscritas; talvez até um dia seja suficiente que um povo não possa pagar as suas dívidas.

[312] A: deste abuso altamente político...

[313] C: ... qualquer unidade política da comunidade

[314] Esta frase não se encontra em A.

[315] C: ... tem o sentido político de negar polemicamente as ordens e privilégios aristocrático-feudais ou estamentais então existentes.

[316] A: uma sociedade universal, isto é, uma sociedade que abrange todos os homens da Terra...

[317] C: ... um "ideal social" universal, isto é, um "ideal social" que...

[318] Em A, não se encontra "realmente"

[319] C: quando já não houver a possibilidade real do combate

100 | CARL SCHMITT

haverá povos enquanto unidades políticas[320], mas também já não haverá classes combatentes nem grupos inimigos[321].

[322]A ideia de uma liga dos povos[323] era clara e precisa enquanto a *liga dos povos*[324] podia ser contraposta, como contra-conceito polémico, a uma liga dos *príncipes*. Foi assim que surgiu, no século XVIII, o termo alemão "liga dos povos". Com o significado político da monarquia esvai-se este significado polémico. Uma "liga dos povos" poderia, além disso, ser o instrumento ideológico do imperialismo de um Estado ou de uma coligação de Estados orientada contra outros Estados. Assim, valeria para ela tudo aquilo que anteriormente foi dito acerca do uso político do termo "humanidade". [325]No entanto, além disso, a fundação de uma liga dos povos que abarcasse toda a humanidade poderia também corresponder, por fim, à tendência, até agora só muito pouco clara, para organizar um estado ideal apolítico da sociedade universal "humanidade". Daí que, quase sempre de um modo extremamente acrítico, se reivindique para uma tal liga dos povos que ela se torne "universal", isto é, que todos os Estados da Terra se tenham de tornar seus membros[326]. No entanto, a universalidade teria de significar uma completa despolitização e, com isso, sobretudo, à partida, pelo menos[327] uma *ausência de estatalidade* consequente.[328]

---

[320] A: povos enquanto unidades políticas e, por isso, também não haverá qualquer Estado.

[321] C: Nesta sociedade ideal universal, já não haverá povos enquanto unidades políticas, já não haverá classes combatentes nem mais nenhuns grupos inimigos.

[322] As frases iniciais deste parágrafo não se encontram em A.

[323] Em C, "liga dos povos" está em itálico

[324] Em C, itálico cobre só "povos": liga dos *povos*

[325] Retoma-se, como início de parágrafo, o texto de A: A ideia de uma liga dos povos corresponde, até agora, apenas a uma tendência muito pouco clara para realizar o estado apolítico da sociedade universal "humanidade".

[326] A: que ela se torne universal, isto é, que abranja todos os Estados da Terra.

[327] Em A, não consta "sobretudo, à partida, pelo menos".

[328] A não faz parágrafo. Continua: "Tanto mais contraditória aparece a instituição de Genebra, fundada em 1919, a qual é designada como "liga dos povos" ou, de acordo com o seu nome oficial, melhor como "sociedade dos povos"

O CONCEITO DO POLÍTICO | 101

Sob[329] este ponto de vista, a instituição de Genebra, fundada em 1919 pelos Tratados de Paz de Paris, a qual é designada na Alemanha [330]como "liga dos povos", mas que se designaria melhor, de acordo com o seu nome oficial franco-inglês (*Société des Nations, League of Nations*), "sociedade das nações"[331], aparece como uma formação contraditória. Nomeadamente, ela[332] é uma organização inter-estatal e pressupõe Estados enquanto tais, regula algumas das suas mútuas relações e garante até a sua existência política. Ela não apenas não é uma organização universal[333], mas nem mesmo é uma organização internacional,[334][335]se se diferenciar o termo internacional, tal como é correcto e adequado fazer pelo menos para o uso da língua alemã[336], do inter-estatal, e se ele for reservado para os movimentos que são internacionais em contraposição a este[337], isto é, para aqueles movimentos que, indo para além das fronteiras dos Estados e perpassando pelas suas muralhas, ignoram o fechamento territorial que teve lugar até agora, a impenetrabilidade e a *impermeabilidade* dos Estados existentes[338], tal como, por exemplo, a Terceira Internacional. Mostram-se aqui logo as contraposições elementares entre

C39

B57

(*Société des Nations*). Esta liga dos povos é uma formação inter-estatal, pressupõe Estados enquanto tais, regula..."

[329] C: Considerada sob...

[330] C: na maior parte das vezes

[331] Em C, suprime-se "sociedade das nações".

[332] C: esta *société*...

[333] C: que abarque todos os Estados da Terra

[334] C faz ponto final.

[335] Em C, Schmitt reformula a pontuação em prol de uma maior clareza: "Para o uso da língua alemã, pode-se diferenciar claramente o termo "internacional" do "inter-estatal". Só são internacionais os movimentos ou instituições que, indo para além das fronteiras dos Estados e perpassando pelas suas muralhas, quebram o fechamento, a impenetrabilidade e a *impermeabilidade* territoriais dos Estados existentes, que teve lugar até agora, tal como, por exemplo, a Terceira Internacional. Mostra-se logo aqui a contraposição elementar entre..."

[336] A: tal como é correcto e honesto fazer

[337] A: que são realmente internacionais

[338] A: ignoram a *impermeabilidade* do Estado que até agora teve lugar

102 | CARL SCHMITT

internacional e inter-estatal, entre sociedade universal despolitizada e garantia inter-estatal do *status quo* das fronteiras estatais hodiernas[339],[340] e, no fundo, é quase inconcebível como um tratamento científico[341] da "liga dos povos" pôde passar ao largo disso e até pôde apoiar a confusão. A liga dos povos[342] de Genebra não suprassume a possibilidade de guerras, tão pouco quanto suprassume os Estados. Ela introduz novas possibilidades de guerras, permite guerras, fomenta guerras de coligação e elimina uma série de obstruções da guerra ao legitimar e sancionar[343] certas guerras.[344] Tal como existe até hoje, ela[345] é[346] uma instância de negociação, muito útil[347] segundo as circunstâncias, um sistema de conferências diplomáticas que se reúnem sob o nome de conselho da liga dos povos e assembleia da liga dos povos[348], combinado com um gabinete técnico, o secretariado geral. Ela não é, como mostrei noutro lugar(XX), uma liga, mas, na medida do possível, uma aliança[349]. O genuíno conceito de humanidade só se mostra ainda actuante nela na medida em que a sua autêntica actividade se encontra num âmbito humanitário, não-político, e na medida em que ela tem, pelo menos, enquanto comunidade de administração inter-estatal,[350] uma "tendência" para a universalidade; em vista da sua constituição real e da possibilidade de uma guerra que permanece existente mesmo dentro desta chamada "liga", esta

---

[339] Em A, não se encontra "hodiernas".
[340] C faz ponto final.
[341] Em C, "científico" entre aspas.
[342] Em C, em vez de "liga dos povos" está "société".
[343] Em A, não consta "e sancionar".
[344] C faz parágrafo.
[345] C: esta instituição de Genebra
[346] A: é um sistema de conferências diplomáticas combinado com um gabinete técnico, o secretariado geral.
[347] C: agradável
[348] C: se reúnem sob o nome "conselho" (*Conseil*) e "assembleia" (*Assemblée*)
(XX) *Die Kernfrage des Völkerbundes* [A Questão Central da Sociedade das Nações], Berlim, 1926.
[349] Em C, "liga" e "aliança" estão em itálico.
[350] Em A, não consta "enquanto comunidade de administração inter-estatal".

O CONCEITO DO POLÍTICO | 103

"tendência" é também apenas um postulado ideal[351] [352]. No entanto, uma liga dos povos não universal só pode, naturalmente, ter significado político quando apresentar uma aliança **C40** potencial ou actual[353], uma coligação[354]. Com isso, o *jus belli* não estaria eliminado[355], mas transferido, em maior ou menor medida, integral ou parcialmente, para a "liga"[356]. Uma liga **B58** dos povos enquanto organização universal[357] da humanidade concretamente existente, pelo contrário,[358] teria de levar a cabo o difícil desempenho de, em primeiro lugar, retirar efectivamente o *jus belli* a todos[359] os agrupamentos humanos que permanecem existentes e de, em segundo lugar, apesar disso, ela mesma não assumir qualquer *jus belli*,[360] pois senão voltariam a faltar universalidade, humanidade, sociedade despolitizada[361], numa palavra, todas as marcas essenciais.

Se um "Estado mundial" abarcar a Terra inteira e toda a **A210** humanidade, ele não será[362], portanto, uma unidade política e só se poderá[363] chamar um Estado[364] por um modo de falar.

---

[351] A: uma expressão.

[352] C: Só enquanto "gabinete", isto é, enquanto comunidade de administração inter-estatal apolítica (por exemplo, para o combate ao comércio de raparigas), ela mostra uma tendência digna de nota para a universalidade e está ainda actuante nela o genuíno conceito de "humanidade"; em vista da sua constituição real e da possibilidade de uma guerra que permanece existente mesmo dentro desta chamada "liga", esta "tendência" é também apenas um "ideal social".

[353] Em A, não se encontra "potencial ou actual".

[354] C: ... quando apresentar, potencial ou actualmente, uma aliança, uma coligação, por outras palavras, quando tiver um *inimigo* determinado.

[355] A termina a frase aqui.

[356] C: ... para a "liga", e ter-se-ia dado a uma liga em sentido político, pois uma liga é, em primeira linha, uma aliança duradoura.

[357] Em C, "universal" está em itálico.

[358] Em A, não se encontra "concretamente existente, pelo contrário"

[359] C: a todos os Estados, nações, classes ou demais agrupamentos humanos...

[360] C faz ponto final, acrescentando-se a frase: "De outro modo, as coisas correriam mal para a paz universal da humanidade."

[361] Em A, não consta "despolitizada".

[362] A: seria.

[363] A: poderia

[364] Em C, "Estado" está entre aspas.

104 CARL SCHMITT

Se, de facto, toda a humanidade e a Terra inteira fosse unida na base de uma unidade[365] económica e de técnicas viárias, isso[366] não seria mais, à partida, uma "unidade social" do que seriam uma "unidade" social[367] os moradores de uma caserna partilhada ou os utentes do gás ligado à mesma fábrica de gás ou os viajantes do mesmo autocarro. Enquanto esta unidade tiver permanecido apenas económica ou com base em técnicas viárias, ela jamais se teria podido elevar, na falta de um opositor, num partido económico e no partido viário. Se ela quisesse formar, para além disso, também ainda uma unidade cultural, mundividencial ou alguma outra "mais elevada", mas simultaneamente, ainda assim, uma unidade incondicionalmente apolítica, ela seria uma corporação consumidora e produtiva[368] que procura, entre as polaridades de ética e economia, um ponto de indiferença. Ela não conheceria nem Estado nem Reich nem Império, nem República nem Monarquia, nem Aristocracia nem Democracia, nem protecção nem obediência,[369] mas teria perdido de todo qualquer carácter político.

Mas a questão que se coloca é a de *a que homens*[370] caberia o poder temível que está ligado a uma centralização económica e técnica que abranja a Terra inteira.[371] Esta questão de modo nenhum pode ser contornada ao esperar-se que tudo passe a "ir por si mesmo", que as coisas "se administrassem a si mesmas", e que um governo de homens sobre homens se tornasse supérfluo porque os homens seriam, então, absolutamente "livres";[372] pois pergunta-se precisamente *para que* é

C41

---

[365] C: reunião

[366] A termina aqui o parágrafo e a secção 6, escrevendo: "... isso seria uma unidade "social", isto é, uma "sociedade" que procuraria o ponto de indiferença entre as polaridades da ética e da economia. Também não seria um "imperium", mas teria de perder qualquer carácter político."

[367] em C está "unidade social".

[368] C: corporação cultural e consumidora

[369] C: nem domínio nem subordinação,

[370] C: Uma pergunta, porém: a que homens...

[371] C: ?

[372] C faz ponto final

O CONCEITO DO POLÍTICO | 105

que se tornam livres. A isso pode responder-se com suposições optimistas e pessimistas que, em última análise, remontam todas a uma profissão de fé antropológica.

7.[373]   B59

Poder-se-ia pôr à prova todas as teorias do Estado e todas as ideias políticas com base na sua antropologia, repartindo-as, de acordo com isso, segundo elas pressuporem, consciente ou inconscientemente, um homem "mau por natureza" ou "bom por natureza". A diferenciação é inteiramente sumária e não deve ser tomada[374] num sentido especialmente moral ou ético. Decisiva é a concepção problemática ou não problemática do homem enquanto pressuposto de todas as subsequentes considerações políticas, a resposta à questão sobre se o homem é um ser "perigoso" ou não perigoso, um ser arriscado ou um ser inofensivamente não arriscado[375][376].[377]

As incontáveis modificações e[378] variações desta diferenciação antropológica entre bem e mal não podem ser interpretadas aqui em detalhe. A "maldade" pode aparecer como corrupção, fraqueza, cobardia, estupidez, ou também como "rudeza", instintividade, vitalidade, irracionalidade, etc., e o "bem", em variações correspondentes, como racionalidade, perfectibilidade, receptividade, educabilidade, afabilidade simpática, etc. A manifesta

---

[373] C: 8

[374] A: tomada necessariamente

[375] A: Decisiva é a valoração negativa ou positiva do homem enquanto pressuposto da argumentação subsequente.

[376] C altera ligeiramente o texto: "Decisivo é se – como pressuposto de todas as subsequentes considerações políticas – o homem deve ser um ser problemático ou não problemático. Será o homem um ser "perigoso" ou não perigoso, um ser arriscado ou um ser inofensivamente não arriscado?

[377] A continua o parágrafo, e nele não se encontra o parágrafo seguinte.

[378] Em C, não se encontra "modificações"

106 | CARL SCHMITT

passibilidade de uma interpretação política das fábulas de animais, as quais quase todas podem ser referidas a uma situação política actual[379] (por exemplo, o problema do "ataque", na fábula do lobo e do cordeiro; a questão da culpa na fábula de La Fontaine acerca da culpa e da peste, culpa essa que naturalmente recai sobre o burro; a questão da justiça inter-estatal nas fábulas acerca das assembleias dos animais[380]; a questão do[381] desarmamento no discurso eleitoral de Churchill de Outubro de 1928, onde é exposto como cada animal estabelece os seus dentes, as suas garras, os seus cornos como meios que servem à manutenção da paz[382]; os peixes grandes que devoram os pequenos, etc.), explica-se a partir da conexão imediata[383] da antropologia política com aquilo que os filósofos do Estado do século XVII (Hobbes, Espinosa, Pufendorff) chamaram o "estado de natureza" no qual os Estados vivem uns entre os outros, o qual é um estado de progressivo perigo e ameaça e cujos sujeitos agentes são, por isso, "maus",[384] tais como os animais movidos pelos seus instintos (fome, avidez, medo, ciúme)[385]. [386]Daí que, para as nossas considerações, não seja necessário diferenciar com Dilthey (*Schriften* II,

C42

---

[379] C: É instrutivo reparar o quanto a maioria das fábulas de animais podem ser interpretadas imediatamente com base em relações políticas e podem quase todas ser referidas a uma situação política actual: por exemplo...

[380] C: a questão da "justiça inter-estatal" nas fábulas acerca das assembleias dos animais, nas quais o leão pergunta logo por que normas o juiz decretará o direito e, finalmente, já só o coelho se senta na assembleia;...

[381] C: do problema do...

[382] C: onde é exposto como cada animal mostra os seus dentes, as suas garras, os seus cornos como meios que, por definição, servem à manutenção da paz, enquanto as armas do opositor, igualmente por definição, são armas de ataque, etc.

[383] C começa a frase: "Existe aqui uma conexão imediata da antropologia política..."

[384] C: isto é, não satisfeitos,

[385] C: ... instintos, pela fome, avidez, medo, ciúme e rivalidades de toda a espécie.

[386] O texto até ao fim do parágrafo é suprimido em C, sendo substituído pelas frases: "Obviamente, como Hobbes assinalou correctamente, uma inimizade genuína só é possível entre homens. A diferenciação política amigo-inimigo é tão mais profunda do que todas as contraposições existentes no reino animal quanto mais o homem está acima do animal enquanto ser que existe espiritualmente."

O CONCEITO DO POLÍTICO | 107

1914, p. 31) as coisas do modo seguinte: "O homem não é, segundo Maquiavel, mau por natureza. Algumas passagens parecem dizê--lo... No entanto, de uma maneira geral, ele apenas quer expressar que o homem tem uma inclinação irresistível a deixar-se conduzir pelo desejo para o mal se nada actuar em sentido contrário: animalidade, instintos, afectos são o núcleo da natureza humana, sobretudo o amor e o medo. Ele é inesgotável nas suas observações psicológicas sobre o jogo dos afectos... É a partir deste traço fundamental da nossa natureza humana que ele deriva a lei fundamental de toda a vida política". De modo muito pertinente, diz Ed. Spranger no capítulo "O homem de poder" das suas *Formas de Vida*: "Para o político, a ciência do homem está, naturalmente, no primeiro plano do interesse". Só que me parece que Spranger vê este interesse, de um modo demasiado técnico, como interesse no manejo táctico do "mecanismo pulsional" humano; na exposição **B60** subsequente deste capítulo, extremamente rico em pensamentos e observações, pode-se sempre voltar a reconhecer também os fenómenos especificamente políticos e toda a existencialidade do político, frequentemente com um alcance muito abrangente. Por exemplo, a frase: "A dignidade do tipo de poder parece crescer com a sua esfera de influência" diz respeito a um fenómeno que reside na esfera do político e que, por isso, só politicamente pode ser compreendido, e isso como um caso de aplicação da tese de que o ponto do político é determinado a partir da intensidade do tomar distância, pela qual as associações e dissociações paradigmáticas se orientam; também a frase de Hegel acerca da transformação da quantidade só como pensar político é concebível (cf. a nota sobre Hegel, p. 62). H. Plessner, o qual (no seu livro *Poder e Natureza Humana*, Berlim, 1931) foi o primeiro filósofo moderno a ensaiar uma antropologia política de grande estilo, diz com razão que não há filosofia nem antropologia que não seja politicamente relevante, do mesmo modo que não haveria, ao invés, uma política filosoficamente irrelevante; em particular, ele reconheceu que filosofia e antropologia, enquanto saberes que se dirigem especificamente ao *todo*, não se podem neutralizar contra decisões vitais "irracionais", como um qualquer saber disciplinar em "âmbitos" determinados. Para Plessner, o homem é "um ser que primariamente toma distância", que permanece, na sua essência, indeterminado, insondável e uma "questão em aberto". Traduzida na linguagem primitiva daquela antropologia política ingénua, que trabalha com a diferenciação entre "mal" e "bem", o dinâmico "permanecer em aberto" de Plessner, com uma proximidade à realidade e às coisas que está pronta para ser ousada, poderá estar mais próximo do "mal" que do "bem", já por causa da sua relação positiva ao perigo e àquilo que é perigoso. Está em concordância com isso que Hegel e Nietzsche pertençam igualmente ao lado "mau", e finalmente que o "poder" em geral (segundo o dito conhecido de Burckhardt, o qual, aliás, não é nele inequívoco) seja algo mau.

[387]Mostrei frequentemente que, em particular, a contraposição entre as chamadas teorias autoritárias e anarquistas se pode reconduzir a estas fórmulas(XXI). [388]Uma parte das teorias e das construções que pressupõem, desta maneira, o homem como "bom" é liberal[389], e está orientada, de um modo polémico, contra a intromissão do Estado ser autenticamente anarquista. Num anarquismo aberto[390] é claro, sem mais, o

A211 quão estreitamente ligada está a fé na "bondade natural" com a negação radical do Estado, o quanto uma se segue da outra e o quanto ambas se apoiam mutuamente. Para os liberais, pelo contrário, a bondade do homem nada mais significa que um argumento com a ajuda do qual o Estado é colocado[391] ao serviço da "sociedade", [392]ou seja, com o qual se diz apenas que a "sociedade" tem a sua ordem em si mesma[393] e que o

B61 Estado é apenas um subordinado controlado de que ela desconfia, preso por limites exactos[394]. Para isto, é em Thomas Paine

---

[387] Retoma-se o texto de A.
(XXI) *Politische Theologie* [Teologia Política], 1922, pp. 50 ss.; *Die Diktatur* [A Ditadura], 1921, p. 9, 109, 112 ss., 123, 148.
[388] Retoma-se aqui o texto de C.
[389] A: liberal e anti-política, sem ser autenticamente anarquista.
[390] C: pelo contrário,
[391] C: colocam o Estado
[392] C: pois esta tem a sua ordem "em si mesma" e o Estado é apenas um instrumento controlado de que ela desconfia, preso por regras exactas.
[393] A: que a "sociedade" é boa
[394] Em A, não se encontra "preso por limites exactos".

O CONCEITO DO POLÍTICO | 109

que se encontra a formulação clássica: a sociedade (*society*) é o resultado das nossas necessidades racionalmente reguladas, o Estado (*government*) é o resultado dos nossos vícios(XXII) [395]. O radicalismo inimigo do Estado cresce na mesma medida que a fé na bondade radical da natureza humana. O liberalismo burguês nunca foi, em sentido político, radical. No entanto, compreende-se por si mesmo que as suas negações[396] do Estado e do político, as suas neutralizações, despolitizações e declarações de liberdade[397] tenham igualmente um sentido político determinado, e se dirijam polemicamente, numa situação determinada,[398] contra um Estado determinado e o seu poder político. Só que elas não são autenticamente uma teoria do Estado e uma ideia política. O liberalismo, na verdade, não negou radicalmente o Estado, também não encontrou, por outro lado, uma teoria do Estado positiva e uma reforma[399] do Estado própria, mas procurou apenas vincular o político a partir do ético e submetê-lo ao económico; ele criou uma **C43** doutrina da repartição e do equilíbrio dos "poderes"[400], isto é, um sistema de obstruções e controlos do Estado que não se pode designar como teoria do Estado ou como princípio de construção político[401].

(XXII) Cf. *Die Diktatur* [A Ditadura], op. cit., p. 114. A formulação do *tribun du peuple* de Babeuf: *Toute institution qui ne suppose pas le peuple bon et le magistrat corruptible...* (é reprovável) não tem uma acepção liberal, mas no sentido da identidade democrática entre governantes e governados.

[395] A nota encontra-se modificada em C: "A frase do tribuno do povo Babeuf: "Toda a instituição que não parta do princípio de que o povo é bom e a autoridade corruptível é reprovável" parece-me ter uma acepção não liberal, mas mais democrática, e ter por meta que povo e autoridade, governados e governo não sejam qualitativamente diferenciados."

[396] C: que a sua crítica

[397] Em A, não se encontra: "e do político, as suas neutralizações, despolitizações e declarações de liberdade".

[398] Em A, não se encontra: "polemicamente, numa situação determinada"

[399] A e C: forma

[400] Em A, "poderes" está sem aspas.

[401] A: ... e controlos do Estado a que não se pode chamar teoria do Estado.

110 | CARL SCHMITT

Portanto, permanece a estranha e, para muitos, seguramente perturbadora verificação de que todas as teorias políticas
genuínas pressupõem o homem como "mau", isto é, [402]de que
consideram o homem como um ser de modo nenhum aproble-
mático, mas como um ser "perigoso" e dinâmico[403]. É fácil
provar isso para qualquer pensador especificamente político[404]. Por mais diferentes que estes pensadores possam ser
no que toca ao tipo, ao nível e ao significado histórico, eles concordam quanto à concepção problemática da natureza humana
na mesma medida em que se mostram como pensadores especificamente políticos.[405] É aqui suficiente nomear os nomes de
Maquiavel, Hobbes, Bossuet, Fichte (logo que ele se esqueceu
do seu idealismo humanitário), de Maistre, Donoso Cortés,
H. Taine; também Hegel, que por certo também aqui, ocasio-
nalmente, mostra a sua dupla face[406].

B62   [407]Apesar disso, Hegel permanece por todo o lado, num sentido maior, político. Mesmo aqueles dos seus escritos que dizem
respeito às questões actuais do seu tempo, em particular e sobretudo o genial escrito de juventude sobre a "Constituição da Alemanha", são apenas uma documentação evidente da verdade filosófica, que permanece visível através da sua correcção ou desacerto
efémero, de que todo o espírito é espírito actual, presente, e que
não se pode encontrá-lo nem procurá-lo nem numa representação barroca nem sequer num álibi romântico[408]. Isso é o "Hic

---

[402] A termina a frase dizendo: "... isto é, que o avaliam negativamente."
[403] Em C, "dinâmico" entre aspas.
[404] C: para qualquer pensador político em sentido autêntico
[405] Esta frase não consta em A.
[406] A: ... de Maistre, F. J. Stahl, Donoso Cortés – Hegel mostra também aqui
a sua dupla face. Por mais diferentes que estes pensadores possam ser segundo o
tipo, o nível e o significado histórico, eles concordam na valoração negativa da
natureza humana na mesma medida em que se mostram como pensadores
políticos.
[407] O parágrafo que se segue não se encontra em A.
[408] C altera ligeiramente o texto: Mesmo naqueles dos seus escritos que dizem
respeito às questões actuais do seu tempo, em particular e sobretudo no genial
escrito de juventude sobre a "Constituição da Alemanha", mostra-se a verdade

O CONCEITO DO POLÍTICO | 111

Rhodus" de Hegel e[409] a genuinidade de uma filosofia que não se entrega a fabricar, numa "pureza apolítica" e numa pura apoliticidade, armadilhas intelectuais. De uma espécie especificamente política é também a sua dialéctica do pensar concreto[410]. A frase frequentemente citada da transformação da quantidade em qualidade tem um sentido inteiramente político e é uma expressão do conhecimento de que, a partir de cada "âmbito de coisas", o ponto do político é alcançado e, com isso, uma intensidade qualitativamente nova[411] do agrupamento humano. O autêntico caso[412] de aplicação deste princípio reporta-se, para o século XIX, ao económico; no âmbito de coisas "autónomo" "economia", supostamente neutral sob o ponto de vista político, cumpre-se progressivamente uma tal transformação, isto é, um tal tornar-se político daquilo que até agora era apolítico e puramente "objectual"; aqui, por exemplo, as posses económicas ter-se-iam tornado manifestamente, quando tivessem alcançado um determinado *quantum*, um *poder* social (mais correctamente: político), a *propriété* ter-se-ia tornado num *pouvoir*, a contraposição das classes, que, à partida, só era motivada economicamente, ter-se-ia tornado na *luta* de classes de grupos inimigos.[413] Encontra-se também em Hegel a primeira definição polémica-política do *bourgeois*, enquanto homem que não quer deixar a esfera do privado apolítico despojado de qualquer risco, que, nas posses e na justiça das posses privadas, se relaciona enquanto singular contra o todo, que encontra o substituto da sua nulidade política nos frutos da paz e da aquisição e, sobretudo, "na completa *segurança* da fruição destes", que, na sequência disso, quer permanecer dispensado da bravura e furtar-se ao perigo de uma morte violenta (*Os modos de tratamento científico do direito natural*, 1802, ed. Lasson, p. 383, Glockner I, p. 499). Hegel, por fim, estabeleceu também uma definição de *inimigo* que no mais tinha sido evitada, frequentemente,

C44

---

filosófica de que todo o espírito é espírito presentemente actual, e que não se pode encontrá-lo nem procurá-lo nem numa representação barroca nem sequer numa fuga romântica.

[409] C suprime "o "Hic Rhodus" de Hegel e...."
[410] C: a dialéctica do pensar concreto de Hegel
[411] C: particular
[412] C: âmbito
[413] C faz parágrafo.

pelos filósofos modernos: ele é a diferença ética (não em sentido moral, mas visada a partir da "vida absoluta" no "eterno do povo") enquanto estrangeiro que está para ser negado na sua totalidade viva. "Uma tal diferença é o inimigo, e a diferença, posta em relação, é, ao mesmo tempo, como dos contrapostos o contrário do seu ser, como o nada do inimigo, e este nada, em igual medida de ambos os lados, é o perigo do combate. Este inimigo, para o ético, só pode ser um inimigo do povo e ser, ele mesmo, um povo. Como aqui surge a singularidade, então é para o povo que o singular se entrega ao perigo da morte". "Esta guerra não é guerra de famílias contra famílias, mas de povos contra povos, e, com isso, o próprio ódio está indiferenciado, livre de toda a personalidade".[414] Pode--se questionar durante quanto tempo o espírito de Hegel residiu realmente em Berlim. Em todo o caso, a orientação que se tornou paradigmática na Prússia, a partir de 1840, preferiu entregar-se a uma filosofia do Estado "conservadora", a de Friedrich Julius Stahl, [415]enquanto Hegel, através de Karl Marx e até Lenine, migrava para Moscovo. Ali, o seu método dialéctico conservou a sua força concreta num novo conceito concreto de inimigo, no conceito de inimigo de classe, e transformou-se tanto a ele mesmo, o método dialéctico, como a tudo o mais, a legalidade e ilegalidade, o Estado, até mesmo o compromisso com o opositor, numa "arma" deste combate. Em Georg Lukács (*História e Consciência de Classe*, 1923, *Lenine*, 1924), esta actualidade de Hegel está viva o mais fortemente possível. Lukács cita também uma expressão de Lenine que Hegel teria expresso, em vez de acerca da classe, acerca da unidade política de um povo combatente: "Pessoas, diz Lenine, que compreendem por política pequenos truques, que por vezes estão à beira de enganar, têm de ter, da nossa parte, a mais decidida rejeição. As classes não podem ser enganadas".

B63

---

[414] C faz parágrafo.
[415] C suprime o resto da frase e do parágrafo, substituindo-o pela frase seguinte: "Este homem conservador trocou a sua fé e o seu povo, mudou o seu nome e ensinou depois os alemães sobre piedade, continuidade e tradição. O Hegel alemão, achou-o "oco e inverdadeiro", "de mau gosto" e "desolador"".

O CONCEITO DO POLÍTICO | 113

[416]A questão não fica resolvida com observações psicológicas sobre o "optimismo" ou o "pessimismo"[417]; muito menos, ao modo anarquista, com uma inflexão, na medida em que se disser que só os homens que têm o homem por mau são maus[418], do que se segue que aqueles que o têm por bom, ou seja, os anarquistas, estão habilitados a um qualquer domínio ou controlo sobre os maus, no que o problema volta a começar de novo. Tem-se antes de reparar o quanto, nos diferentes âmbitos do pensar humano, os pressupostos "antropológicos" são diferentes. Um pedagogo terá o homem, com uma necessidade metódica, como educável e passível de ser formado. Um jurista de direito privado parte do princípio: "unus quisque praesumitur bonus"(XXIII) [419]. Um teólogo deixa de ser teólogo quando já não tiver os homens por pecadores e carentes de redenção, e quando já não diferenciar entre redimidos e não-redimidos,

C45
A212

---

[416] Retoma-se o texto de A.

[417] Em A, não consta: "ou o "pessimismo"".

[418] A frase, em A, termina aqui.

(XXIII) O liberal Bluntschli, *Lehre vom modernen Staat*, Parte III, *Politik als Wissenschaft*, Estugarda, 1876, p. 559, torna válido, contra a doutrina dos partidos de Stahl, que a jurisprudência (sobre a qual, aliás, não se trata de todo nesta doutrina dos partidos) não resulta da maldade dos homens, mas da regra dourada dos juristas: *Quivis praesumitur bonus*", enquanto Stahl, ao modo dos teólogos, colocava o carácter pecaminoso dos homens no cume da sua linha de pensamento. A jurisprudência é, para Bluntschli, naturalmente prudência de direito civil (cf. acima nota 1). A regra dourada dos juristas tem o seu sentido numa regulação do ónus da prova; além disso, ela pressupõe que existe um Estado, o qual, através de uma ordem pacificada, segura contra os perigos, produziu as "condições externas da eticidade" e criou uma situação normal em cujos quadros o homem pode ser "bom".

[419] C: Um jurista de direito parte de que se terá de pressupor como "bom" quem quer que seja até prova em contrário (*).

(*) A "regra dourada dos juristas" tem o seu sentido numa regulação do ónus da prova; além disso, ela pressupõe que existe um Estado, o qual, através de uma ordem pacificada, segura contra os perigos, produziu as "condições externas da eticidade" e criou uma situação normal em cujos quadros o homem pode ser "bom", pois a boa polícia impede-o de se tornar realmente mau e perigoso. À sombra desta ordem segura florescem, então, as ficções e presunções da "bondade" de cada singular.

114 | CARL SCHMITT

B64 escolhidos e não-escolhidos, enquanto o moralista pressupõe uma liberdade de escolha entre bem e mal(^{XXIV})[420]. Como a esfera do político, em última análise, é determinada pela possibilidade real de um inimigo, as representações e os cursos de pensamento políticos não podem tomar como ponto de partida um "optimismo" antropológico. De outro modo, com a possibilidade do inimigo, suprassumiriam também qualquer consequência especificamente política.[421]

A conexão de teorias políticas com dogmas teológicos acerca dos pecados, que surge de um modo particularmente manifesto em Bossuet, Maistre, Bonald, Donoso Cortés e F. J. Stahl, mas que está actuante de um modo igualmente intensivo em incontáveis outros[422], explica-se a partir do parentesco destes necessários pressupostos de pensamento[423]. O dogma teológico fundamental do carácter pecaminoso do mundo e dos homens conduz – enquanto a teologia ainda não se tiver volatilizado como moral meramente normativa ou como pedagogia, e o dogma como mera disciplina –[424], tal como a diferenciação ente amigo e inimigo, a uma repartição[425] dos homens, a uma "tomada de distância"[426], e torna impossível o optimismo destituído

---

(^{XXIV}) Na medida em que a teologia se torna teologia moral, este ponto de vista da liberdade de escolha emerge e ofusca a doutrina do radical carácter pecaminoso do homem. "Homines liberos esse et eligendi facultate praeditos; nec proinde quosdam natura bonos, quosdam natura malos", Ireneu, *Contra haereses* (L. IV, c. 37, Migne VII, p. 1099).

[420] Nota suprimida em C.

[421] A não faz parágrafo.

[422] A: em de Maistre, Donoso Cortés e F. J. Stahl.

[423] C: A conexão de teorias políticas com dogmas teológicos acerca dos pecados só em autores como Bossuet, Maistre, Bonald e Donoso Cortés surge de um modo particularmente manifesto; em incontáveis outros está actuante de um modo igualmente intensivo. Ela explica-se, à partida, a partir do modo de pensar ontológico-existencial que é adequado, na sua essência, a um curso de pensamento tanto teológico como político. Mas, então, também a partir do parentesco destes pressupostos metódicos do pensar.

[424] Em A, não se encontra o passo entre parêntesis rectos.

[425] C: diferenciação e repartição.

[426] Em A, não se encontra "a uma "tomada de distância"".

O CONCEITO DO POLÍTICO | 115

de diferenças de um conceito de homem transversal[427] [428].
Num mundo bom, entre homens bons, domina naturalmente
só a paz, a segurança e a harmonia[429] de todos com todos; os
sacerdotes e teólogos são aqui tão supérfluos quanto os políticos
e os homens de Estado. Aquilo que significa[430] a negação do
pecado original, em termos de psicologia individual e social[431],
mostraram-no[432] Troeltsch (nas suas *Doutrinas sociais da Igreja
Cristã*) e Seillière (em muitas publicações sobre o romantismo e
os românticos) no exemplo de numerosas seitas[433], heréticos,
românticos e anarquistas[434]. A conexão metódica entre pressu-   **C46**
postos teológicos e políticos de pensamento é, portanto, clara.
Mas o apoio teológico confunde frequentemente os conceitos
políticos[435], pois desloca habitualmente a diferenciação para
o teológico-moral[436], ou pelo menos o mistura com ele[437], e
então, na maior parte das vezes, um ficcionalismo normativista
ou mesmo um oportunismo pedagógico-prático[438] perturbam
o conhecimento das contraposições existenciais. Teóricos da
política como Maquiavel, Hobbes e frequentemente também
Fichte pressupõem com o seu "pessimismo", na verdade, apenas

---

[427] A: do conceito de homem.

[428] C: ... "tomada de distância"; através disso, torna-se impossível o optimismo destituído de diferenças de um conceito de homem transversal.

[429] A: domina naturalmente só paz e harmonia.

[430] A: significa sociologicamente

[431] Em A, não se encontra "em termos de psicologia individual e social".

[432] A: mostrou-o Troeltsch (nas suas *Doutrinas sociais da Igreja Cristã*) no
exemplo...

[433] Em A, a frase termina aqui.

[434] C: E. Troeltsch (nas suas *Doutrinas sociais da Igreja Cristã*) e o barão
Seillière (em muitas publicações sobre o romantismo) mostraram, no exemplo de
numerosas seitas, heréticos, românticos e anarquistas, que a negação do pecado
original destrói toda a ordem social.

[435] A: Mas o apoio teológico ameaça sempre o conceito político, ...

[436] A: pois desloca a diferenciação para o religioso, quase sempre também
para o teológico-moral...

[437] A frase termina aqui em A.

[438] C: as ficções morais ou o oportunismo prático de pedagogos bem-inten-
cionados

116 | CARL SCHMITT

a realidade ou possibilidade reais da diferenciação entre amigo e inimigo. Daí que, em Hobbes, num grande e verdadeiramente **B65** sistemático pensador político[439], a concepção "pessimista" do homem, e, além disso, o seu conhecimento correcto de que é precisamente a convicção presente em ambos os lados acerca do que é verdadeiro, bom e justo que opera as piores inimizades, e, em última análise, também o *"Bellum"* de todos contra todos, não possam ser compreendidos como desvarios de uma fantasia amedrontada e perturbada, nem tão pouco apenas como filosofia de uma sociedade burguesa (Tönnies) que se alicerça na livre "concorrência", mas como os pressupostos elementares[440] de um sistema de pensamento especificamente político[441].[442]

Como estes pensadores políticos[443] têm sempre em vista a existencialidade concreta de um inimigo possível, eles professam frequentemente uma espécie de realismo que é apro-
A213 priado para aterrorizar homens carentes de segurança[444]. Pode-se bem dizer – sem querer decidir a pergunta pelas propriedades naturais do homem – que os homens em geral, pelo menos enquanto as coisas lhes correm de maneira suportável ou mesmo bem[445], amam a ilusão de uma tranquilidade que não esteja ameaçada[446] e não toleram "aqueles que vêem tudo negro". Daí que, aos opositores políticos de uma teoria política

---

[439] A: – de longe o maior e talvez o único pensador político verdadeiramente sistemático – o *"Bellum"* de todos contra todos não possa ser compreendido como desvario...

[440] A: nem tão pouco como "concorrência" (Tönnies), mas como o pressuposto elementar...

[441] C: Em Hobbes, num grande e verdadeiramente sistemático pensador político, apesar do seu individualismo extremo, a concepção "pessimista" do homem é tão forte que mantém vivo o sentido político.

[442] C não faz parágrafo.

[443] A: os pensadores puramente políticos

[444] A: homens pacíficos

[445] Em A não se encontra: "pelo menos enquanto as coisas lhes correm de maneira suportável ou mesmo bem"

[446] A: tranquilidade imperturbada

O CONCEITO DO POLÍTICO 117

clara, não seja difícil [[447]]declarar o conhecimento claro[[448]] e
a descrição de fenómenos e de verdades políticos, em nome
de um qualquer âmbito de coisas autónomo[[449]], como imoral,
não-económico, não-científico e sobretudo – pois é isso que está
politicamente em causa – como *hors-la-loi*[[450]] enquanto algo
diabólico que deve ser combatido.

Este destino ocorreu a Maquiavel, o qual, se tivesse sido um **C47**
maquiavélico, teria escrito, em vez do *Príncipe*, antes um livro
composto de sentenças comoventes[[451]]. Na realidade, Maquiavel
estava na defensiva, como também a sua pátria, a Itália, que, no
século XVI, estava exposta às invasões de alemães, franceses, espa-
nhóis e turcos. A[[452]] situação da defensiva ideológica repetiu-se
no início do século XIX, na Alemanha, durante as invasões revolucionárias e napoleónicas dos franceses. Nessa altura, Fichte e
Hegel voltaram a honrar Maquiavel, quando para o povo alemão
se tratava de se defender de um inimigo que se expandia com uma
ideologia humanitária.

[[447]] A termina a frase da seguinte maneira: "... não seja difícil falar de cinismo
ou de uma nefasta imoralidade, causando, com isso, uma grande impressão.
No entanto, através disso, a questão científica não está resolvida, mas apenas
confundida." Em A, não se encontra o texto até ao fim do parágrafo nem o parágrafo seguinte. Retoma com a frase: "A pior confusão emerge...", sem fazer parágrafo.

[[448]] C: Quem estiver politicamente interessado em camuflagens, disfarces e
ofuscamentos tem, por isso, um jogo fácil. Ele só precisa de difamar o conhecimento
claro...

[[449]] Em C, "âmbito de coisas autónomo" entre aspas.

[[450]] Em C suprime-se "como *hors-la-loi*"

[[451]] C: O nome de Maquiavel caiu vítima desta táctica. Se Maquiavel tivesse
sido um maquiavélico, teria escrito, em vez do seu infame livro acerca do "príncipe", antes um livro composto de sentenças comoventes sobre os bens dos homens,
em geral, e dos príncipes, em particular.

[[452]] C: Esta

118 | CARL SCHMITT

[453]A pior confusão emerge[454] quando conceitos[455] como direito e paz[456] são utilizados[457][458] politicamente de maneira a impedir um pensamento político claro[459], a legitimar os esforços políticos próprios e a desqualificar ou desmoralizar o opositor. O direito, seja o direito privado seja o direito **B66** público, tem enquanto tal – seguramente, na sombra de uma grande decisão política, ou seja, por exemplo, no quadro de um ser estatal estável –[460] o seu círculo[461] próprio relativamente autónomo. No entanto, ele pode, como qualquer esfera da vida e do pensamento humanos, ser aproveitado seja para o apoio seja para a refutação de uma outra esfera. Do ponto de vista do pensamento político, é óbvio, e não é nem contrário ao direito[462] nem imoral, prestar atenção[463] ao sentido político de tais aproveitamentos do direito ou da moral[464] e, particularmente diante do modo de falar acerca do "domínio" ou mesmo da soberania[465] "do" direito, colocar[466] sempre algumas perguntas mais detalhadas[467]: primeiro, se o "direito" designa aqui as leis positivas existentes e os métodos de legislação que devem continuar a ser válidos; depois, se o "domínio do direito" não significa outra coisa senão a legitimação de um *status quo* determinado, em cuja manutenção têm um interesse,

---

[453] Retoma-se texto de A.
[454] A: emerge habitualmente
[455] C: termos
[456] Em C, "direito" e "paz" entre aspas.
[457] A: quando o conceito do direito é utilizado...
[458] C: usados de forma abusiva
[459] A: "...pensamento político claro e a velar os anseios políticos próprios."
[460] O parêntesis recto não consta em A.
[461] C: O direito tem – seguramente, no quadro de uma grande decisão política e com base no solo de uma situação normal, isto é, no quadro de uma comunidade estável – o seu círculo...
[462] Em A, em vez de "contrário ao direito" está "nefasto".
[463] C: com exactidão
[464] A e C fazem ponto final.
[465] Em A, "soberania" está entre aspas.
[466] C: ter-se-á de colocar
[467] A: mais determinadas

O CONCEITO DO POLÍTICO | 119

obviamente, todos aqueles cujo poder político ou vantagem económica[468] se estabiliza neste direito.[469]

Em segundo lugar, a evocação do direito poderia significar que um direito mais elevado ou mais correcto, um chamado direito natural ou direito racional, fosse contraposto ao direito do *status quo*; então, para um político, é óbvio que o "domínio" ou a "soberania" desta espécie de direito[470] significa o domínio e a soberania de homens[471] que podem evocar o direito **C48** mais elevado e decidir sobre o que é o seu conteúdo[472] e como e por quem ele deve ser aplicado. Hobbes, mais claramente do que todos os outros, traçou estas consequências simples do pensamento político com uma grande limpidez e voltou sempre a assinalar que a soberania do direito significava apenas a soberania dos homens que põem e manipulam[473] as normas jurídicas[474], que o domínio de uma "ordem mais elevada" é uma frase vazia se não tiver o sentido político de que determinados homens, com base nesta ordem mais elevada, querem[475] dominar sobre homens de uma "ordem mais baixa". O pensamento político é aqui, na autonomia e no acabamento da sua esfera, pura e simplesmente irrefutável, pois são sempre grupos de homens concretos que combatem, em nome do "direito" ou da "humanidade" ou da "ordem" ou da "paz", contra outros grupos de homens concretos, e o observador de fenómenos **B67** políticos[476], se permanecer consequente no seu pensamento político, pode reconhecer também na recriminação da imoralidade e do cinismo sempre de novo apenas um meio político de homens concretamente combatentes.

---

[468] A: cujo poder político ou económico
[469] A e C não fazem parágrafo.
[470] A: "soberania" do direito
[471] C: de povos ou de grupos humanos
[472] C: conteúdo mais detalhado
[473] A: aplicam
[474] A: o direito
[475] C: devem
[476] A: da política pura

120 | CARL SCHMITT

Portanto, o pensamento político e o instinto político comprovam-se, na teoria e na prática, na capacidade de diferenciar amigo e inimigo. Os pontos altos da grande política são, ao mesmo tempo, os instantes nos quais o inimigo é olhado enquanto inimigo com uma clareza concreta.[477]

Para a modernidade, vejo a mais poderosa irrupção de uma tal inimizade – mais forte do que o *écrasez l'infame* do século XVIII, que certamente não deve ser subvalorizado, mais forte do que o ódio aos franceses dos barões von Stein e Kleist, dizendo "matai-os, o juízo final não vos perguntará pelas razões", mais forte até do que as frases aniquiladoras de Lenine contra o bourgeois e o capitalismo ocidental – no combate de Cromwell contra a Espanha papista. No discurso de 17 de Setembro de 1656 (na edição Carlyle, III, 1902, p. 267 ss.), diz ele: "The first thing therefore, that I shall speak to, is That, that is the first lesson of Nature: Being and Preservation... The conservation of that "namely our National Being" is first to be viewed with respect to those who seek undo it, and so make it *not to be*". Consideremos, então, os nossos inimigos, *the Enemies to the very Being of these Nation* (ele repete sempre este *very Being* ou *National Being* e então prossegue): "Why, truly, your great Enemy is the Spaniard. He is a natural enemy. He is naturally so; he is naturally so throughout – by reason of that enmity that is **C49** in him against whatsoever is of God. Whatsoever is of God which is in you, or which may be in you". Então repete: o espanhol é o nosso inimigo, a sua *enmity is put into him by God*; ele é "the natural enemy, the providential enemy", quem o tomar como um *accidental enemy* não conhece as Escrituras e as coisas de Deus, que disse eu quero pôr inimizade entre a tua semente e a semente dele (*Gen.* III, 15); com a França pode-se fazer a paz, não com a Espanha, pois é um Estado papista e o Papa só mantém a paz enquanto quiser (as passagens citadas em língua inglesa quase não se podem verter correctamente numa outra língua).

---

[477] Em A, não consta o próximo parágrafo. O texto retoma-se, sem fazer parágrafo, no parágrafo seguinte.

O CONCEITO DO POLÍTICO | 121

[478]Mas também ao invés: por todo o lado na história polí- **A214**
tica, tanto sob a perspectiva da política externa como da política
interna, a incapacidade ou ausência de vontade desta diferenciação aparece como sintoma do fim político. Na Rússia, as
classes em declínio, antes da revolução, romantizaram o campo-
nês russo como o mujique bom, bravo e cristão. Numa Europa
confusa[479], uma burguesia relativista procurava tornar todas
as culturas exóticas que se pudessem pensar[480] em objecto do
seu consumo estético. Antes da revolução de 1789, a sociedade **B68**
aristocrática na França louvava o "homem bom por natureza" e
o povo comoventemente virtuoso[481]. Tocqueville retrata esta
situação na sua apresentação do *ancient régime* (p. 228), em frases cuja tensão subterrânea provém, nele mesmo, de um pathos
especificamente político: nada se adivinhava da revolução; é
estranho ver a segurança e ausência de suspeição[482] com as
quais[483] estes[484] privilegiados falavam acerca do bem, da
doçura e da inocência do povo quando, em 1793, já estava aos
seus pés – "spectacle ridicule et terrible".

8.[485]

Através do liberalismo do último século, todas as representações políticas se alteraram e desnaturalizaram de uma maneira
peculiar e sistemática. Enquanto realidade histórica[486], o liberalismo escapou tão pouco ao político[487] quanto qualquer

---

[478] Retoma-se o texto de A.
[479] A: esgotada
[480] C: alcançar
[481] A: os aristocratas na França louvavam o povo bom e virtuoso.
[482] Em A não consta "e ausência de suspeição"
[483] A: com a qual
[484] A: os
[485] C: 9
[486] A: histórico-política
[487] A: à política

122   CARL SCHMITT

C50   outro movimento humano significativo[488], e também as suas neutralizações e despolitizações (da formação, da economia, etc.) têm um sentido político. Os liberais de todas as terras fizeram política como outros homens também,[489] e coligaram-se[490] das mais diversas maneiras com elementos e ideias não-liberais, tal como os nacionais-liberais, sociais-liberais, conservadores liberais, católicos liberais, etc.(XXV). Em particular,[491] ligaram-se às forças da democracia, que são inteiramente iliberais porque são essencialmente políticas[492] e até

B69   conduzem ao Estado total(XXVI). Contudo, a questão é se a partir do conceito puro e consequente do liberalismo individualista

---

[488] Em A, a frase termina aqui.

[489] C: Os liberais de todas as terras não fizeram menos política do que outros homens;

[490] C: fizeram alianças

(XXV) A enumeração poder-se-ia facilmente multiplicar. O romantismo alemão, de 1800 até 1830, é um liberalismo tradicional e feudal, isto é, falando sociologicamente, um moderno movimento burguês no qual a burguesia ainda não era suficientemente forte para eliminar o poder político da tradição feudal que então estava presente e que, por isso, procurava entrar numa ligação com ela análoga àquela que teria, mais tarde, com o nacionalismo e o socialismo essencialmente democráticos. A partir do liberalismo que, de forma consequente, é burguês não se consegue conquistar qualquer teoria política. Isso é o fundamento último para que o romantismo não possa ter qualquer teoria política, mas se adeque sempre às energias políticas dominantes. Historiadores que, como G. von Below, quiseram ver sempre apenas um romantismo "conservador" têm de ignorar as mais claras conexões. Os três grandes arautos literários de um parlamentarismo tipicamente liberal são três românticos típicos: Burke, Chateaubriand e Benjamin Constant.

[491] C: quando a situação política o requeria,

[492] Em A, a frase termina aqui.

(XXVI) Sobre a contraposição entre liberalismo e democracia: Carl Schmitt. *Die geistesgeschichtliche Lage des heutigen Parlamentarismus* [A situação histórico-intelectual do parlamentarismo hodierno], 2ª edição, 1926, pp. 13 ss.; sobre isso, o ensaio de F. Tönnies, *Demokratie und Parlamentarismus* [Democracia e Parlamentarismo], Schmollers Jahrbuch, vol. 51, 1927 (Abril), pp. 173 ss., o qual igualmente reconhece a estrita separação entre liberalismo e democracia; cf., além disso, o ensaio muito interessante de H. Hefele, na revista "Hochland", Novembro, 1924. Sobre a conexão entre democracia e Estado total, acima B24.

O CONCEITO DO POLÍTICO | 123

pode ser adquirida uma ideia especificamente política.[493] **A215**
Isso não pode deixar de ser negado. Pois a negação do político
que está contida em cada individualismo consequente conduz a
uma prática política de desconfiança[494] contra todas as potências políticas e formas de Estado que se possam pensar, mas
nunca a uma teoria positiva própria do Estado e da política. Há,
em consequência disso, uma política liberal enquanto contraposição polémica contra as circunscrições estatais, eclesiásticas
ou outras da liberdade individual, enquanto política relativa
ao comércio, à Igreja, à escola, à cultura, [495]não há, porém,
uma política liberal pura e simples, mas sempre apenas uma
crítica[496] liberal da política. A teoria sistemática do liberalismo
quase só diz respeito ao combate intra-político contra o poder
do Estado e fornece uma[497] série de métodos para, com o
fim da proteção da liberdade individual e da propriedade pri- **C51**
vada, obstaculizar e controlar[498] este poder do Estado, trazer o
Estado a um "compromisso" e as instituições estatais a uma "vál-
vula"[499], e para, além disso, "equilibrar" a monarquia contra
a democracia e esta contra a monarquia, o que em tempos crí-
ticos – particularmente em 1848 – conduziu a uma atitude tão
cheia de contradições que todos os bons observadores, como
Lorenz von Stein, Karl Marx, Fr. Julius Stahl, Donoso Cortés,
ficaram na dúvida quanto a encontrarem aqui um princípio
político ou uma consequência de pensamento.

[500]De uma maneira completamente sistemática, o pensamento liberal contorna ou ignora o Estado e a política, e

---

[493] C faz parágrafo.
[494] A: combate
[495] A: mas não há uma política liberal pura e simples, nem nenhuma outra
política externa senão a crítica a "invasões".
[496] Em C, "crítica" está em itálico.
[497] A: consiste numa
[498] A: repartir, obstaculizar, equilibrar e controlar
[499] Em A, a frase termina aqui, e o parágrafo encerra-se seguidamente com
a seguinte frase: "Isso não se pode chamar nem uma forma do Estado nem uma
teoria do Estado, apesar de se designar habitualmente a si mesmo como teoria do
"Estado de direito".
[500] Retoma-se o texto de A.

124　　CARL SCHMITT

move-se, em vez disso, numa polaridade típica, que sempre regressa, de duas esferas heterogéneas[501], nomeadamente de ética e economia[502], espírito e negócio, formação e posses. A desconfiança crítica contra o Estado e a política explica-se

B70 facilmente a partir dos princípios de um sistema para o qual o singular tem de permanecer *terminus a quo* e *terminus ad quem*[503]. A unidade política tem de, em dados casos, requerer o sacrifício da vida. Para o individualismo do pensamento liberal, esta reivindicação[504] de nenhum modo se pode alcançar e fundamentar[505]. Um individualismo que entregasse a alguém diferente do próprio indivíduo o dispor sobre a vida física deste indivíduo seria uma expressão tão vazia[506] quanto uma liberdade individual na qual alguém diferente do que aquele mesmo que é livre decidisse sobre o seu conteúdo e a sua medida[507]. Para o singular enquanto tal não há inimigo com o qual ele, se pessoalmente não quiser, tenha de levar a cabo um combate de vida ou morte; obrigá-lo, contra a sua vontade, a combater é em todo o caso, vendo-se do ponto de vista do indivíduo privado, ausência de liberdade e violência. Todo o pathos liberal se volta contra a violência e a ausência de liberdade[508] [509]. Cada prejuízo, cada ameaça da[510] liberdade individual, por princípio ilimitada[511], da propriedade privada e da livre concorrência

---

[501] Em C encontra-se em itálico: *"polaridade típica, que sempre regressa, de duas esferas contrapostas"*

[502] Em A, a frase termina aqui.

[503] C: pensamentos fundamentais de um sistema que sempre tem em vista apenas o singular como início e fim do seu pensamento.

[504] A: possibilidade

[505] C: e é, no fundo, escandalosa.

[506] Em A, a frase termina aqui: *"...seria uma expressão vazia."*

[507] C: ...uma expressão vazia; uma "liberdade" liberal, na qual alguém diferente do que aquele mesmo que é livre decidisse sobre o seu conteúdo e a sua medida, é uma mentira.

[508] A: toda a espécie de emprego da violência e ausência de liberdade.

[509] Frase suprimida em C.

[510] A: desta

[511] Em A, não consta "por princípio ilimitada".

O CONCEITO DO POLÍTICO | 125

quer dizer "violência" e é *eo ipso* algo mau[512][513]. Aquilo que
este liberalismo ainda deixa ser válido no Estado e na política **C52**
limita-se a assegurar as condições da liberdade e a eliminar as
perturbações da liberdade.[514][515]
Chega-se assim a todo um sistema de conceitos desmilita-
rizados e despolitizados dos quais se podem aqui enumerar
alguns para mostrar a sistematicidade espantosamente consequente do pensamento liberal, [516]a qual, apesar de todos os
reveses, ainda hoje não foi substituída, na Europa, por nenhum
outro sistema.[517] Sempre é bom reparar que estes conceitos
liberais se movimentam, de modo típico, entre ética ("espiritualidade") e economia (negócio)[518], e procuram, a partir
destes lados polares, aniquilar o político enquanto esfera do
"poder conquistador"[519],[520] no que o conceito de Estado de
"direito", isto é, de "direito privado", serve de alavanca[521] e o
conceito de propriedade privada forma o centro do[522] globo
cujos polos − ética e economia[523] − são apenas as irradiações
contrapostas deste ponto médio. O pathos[524]ético e a objectividade[525] materialista-económica ligam-se em cada expressão
tipicamente liberal e dão a cada conceito político um rosto

---

[512] A: ... algo mau, ou mesmo, como gosta particularmente de dizer Locke,
o autêntico fundador do chamado Estado de direito, algo animal.

[513] C: ... algo mau; mas se milhares de agricultores, através do meirinho do
usurário, forem levados à miséria, isso é o "Estado de direito" e a conformidade
a fins "económica", na qual o Estado não se pode imiscuir.

[514] Em A não se encontra esta frase.

[515] A e C não fazem parágrafo.

[516] A: ainda hoje inteiramente dominante apesar dos aparentes reveses.

[517] C faz parágrafo.

[518] A: e economicidade

[519] Em A, não consta "enquanto esfera do "poder conquistador"".

[520] C faz ponto final.

[521] C: "direito" (isto é, direito privado) serve de alavanca para fazer do
Estado instrumento da "sociedade apolítica"; o conceito de propriedade privada...

[522] C: deste

[523] C: ética e economia, espírito e negócio

[524] C: puramente

[525] C: puramente

A216 modificado. Assim, o conceito político do *combate*[526] torna--se, no pensamento liberal, do lado económico, *concorrência*, e

B71 do outro lado, do lado "espiritual", *discussão*; no lugar de uma diferenciação clara de ambos os diferentes status de "guerra" e "paz", surge a dinâmica[527] [528] da eterna concorrência e da eterna discussão[529]. O *Estado* torna-se *sociedade*, e torna-se de facto, de um dos lados, do lado ético-espiritual, numa representação ideológico-humanitária[530] da "*humanidade*"; do outro lado, na unidade económico-técnica de um *sistema de produção e transporte*. Da *vontade* de se defender do inimigo, que está dada na situação de combate e que é completamente óbvia, emerge um *ideal* social ou[531] um *programa* racional-construído, uma *tendência* ou um *cálculo* económico. Do *povo* politicamente unido [532] emerge, de um dos lados, um *público* culturalmente

C53 interessado, e, do outro lado, em parte o *pessoal da fábrica e trabalhador*, em parte uma *massa* de *consumidores*. Do *domínio* e do *poder* emerge, no polo espiritual, a *propaganda* e a *sugestão das massas*[533] e, no polo económico, o *controlo*[534].

Todas estas dissoluções têm por meta, com grande segurança, submeter Estado e política, em parte, a uma moral individualista e, por isso, a direito privado, e, em parte, a categorias económicas, roubando-lhes o seu sentido específico. É muito digna de nota a obviedade com que o liberalismo, fora do político, não apenas reconhece a "autonomia"[535] dos diversos âmbitos da vida humana, mas a exagera até à especialização

---

[526] C: *guerra*
[527] A: estado duradouro
[528] Em C, "dinâmica" entre aspas.
[529] C: ... discussão, um torneio eterno, mas que nunca pode ser "sangrento" nem nunca pode ser "de inimizade".
[530] A: num conceito ideológico-humanitário
[531] Em A, não se encontra "um *ideal* social"
[532] Em A, não consta "politicamente unido".
[533] Em A, não consta "e a *sugestão das massas*".
[534] Em A, "controlo" está entre aspas.
[535] A: autonomia relativa

O CONCEITO DO POLÍTICO | 127

e[536] até mesmo ao completo isolamento. [537]Parece-lhe óbvio que a arte seja uma filha da liberdade, que o juízo de valor estético seja incondicionalmente autónomo, que o génio artístico seja soberano[538], e mesmo, em algumas terras, só se levantou em geral um pathos liberal genuíno quando esta[539] liberdade autónoma[540] da arte esteve ameaçada por "apóstolos dos costumes" moralistas[541]. A moral, por seu lado, tornou-se autónoma face à [542]metafísica e a religião, a ciência face à religião, à arte, à moral, etc.. No entanto, como um caso muito mais importante de um âmbito de coisas autónomo, impôs-se, com uma segurança inequívoca, a autonomia das normas e leis do económico[543]. Que a produção e o consumo, a formação dos preços e o mercado têm a sua esfera própria[544], e[545] não podem ser dirigidos nem pela ética nem pela estética, nem pela religião e menos que tudo pela política, isso vale como um dos **B72** poucos dogmas indubitáveis, realmente indiscutíveis, desta era liberal[546]. Tanto mais interessante que os pontos de vista políticos foram destituídos, com um pathos[547] particular, de toda a

---

[536] Em A, não consta "até à especialização".

[537] A: A autonomia dos valores estéticos e a liberdade do génio artístico, por exemplo, é concedida de bom grado por ele, e mesmo em algumas terras...

[538] C: ... "filha da liberdade", que o juízo de valor estético seja "autónomo", que o génio artístico seja "soberano" e que a obra de arte tenha, sem ser "tendenciosa", o seu "fim em si". Em algumas terras alemãs...

[539] A: a

[540] Em A, não consta "autónoma"

[541] Em A, não consta "moralistas".

[542] A diz apenas: "face à religião."

[543] C: da economia

[544] C: e "se regulam a si mesmos"

[545] C: que eles

[546] A escreve as duas frases anteriores da seguinte maneira: "No entanto, como o mais importante de tudo, impõe-se, com uma segurança inequívoca, a autonomia das normas e leis do económico, e que a produção e o consumo, a rentabilidade e o mercado, têm a sua esfera própria e não podem ser dirigidos nem pela ética nem pela estética nem pela religião é um dos poucos princípios do mundo hodierno realmente válidos que é inteiramente indubitável."

[547] C: zelo

128 | CARL SCHMITT

validade, e foram submetidos às normatividades[548] e "ordens" da moral, do direito e da economia[549]. [550]Como disse[551], como na realidade concreta do ser político não governam[552] **C54** quaisquer ordens e séries de normas abstractas[553], mas sempre apenas homens ou grupos concretos[554] dominam sobre outros homens e grupos concretos[555], [556]também aqui, visto politicamente, o "domínio" da moral, do direito, da economia[557] e da "norma" tem naturalmente sempre apenas um sentido político concreto.

[558]Nota (não modificada, do ano de 1927): a estrutura ideológica do Tratado de Versailles corresponde exactamente a esta polaridade entre o pathos ético e o cálculo económico. No art. 231°, o Reich alemão é obrigado a reconhecer a sua "responsabilidade" por todos os danos e por todas as perdas de guerra, através do que é criado o fundamento para o juízo de valor jurídico e moral. Conceitos políticos como "anexações" são evitados; a secessão da Alsácia-Lorena é uma "désannexion", ou seja, a rectificação de uma injustiça; a secessão de áreas polacas e dinamarquesas serve o fomento ideal do princípio da nacionalidade; a remoção das colónias é até proclamado, no art. 22°, como uma obra de humanidade altruísta. As reparações formam o polo económico contrário deste

---

[548] C: regulamentações

[549] A: que precisamente o político foi destituído, com um pathos particular, de toda a autonomia, e foi submetido às normas e "ordens" da moral e do direito.

[550] C: Estas "despolitizações" têm, naturalmente, um sentido integralmente político. Na realidade concreta do ser político...

[551] Em A, não consta "Como disse".

[552] A: ... não há quaisquer ordens e séries de normas abstractas que dominam, mas sempre apenas homens ou grupos concretos que dominam sobre outros...

[553] C: "ordens" e conformidades a leis abstractas

[554] C: muito concretos

[555] C: igualmente concretos.

[556] C faz ponto final e escreve assim o resto da frase: "Também aqui, visto politicamente, o domínio "da" moral, "do" direito, "da" economia, "da" ciência, "da" arte, da "norma" tem um sentido político, e a despolitização é apenas uma arma do combate político que se pode utilizar de modo particularmente político."

[557] Em A, não consta "da economia".

[558] O parágrafo seguinte, tal como é indicado nas edições subsequentes, está presente, em A, em nota de rodapé.

O CONCEITO DO POLÍTICO | 129

idealismo, isto é, uma exploração económica duradoura e ilimitada daquele que é subjugado. O resultado foi que um tal tratado não pôde de todo realizar um conceito político como "paz", de tal modo que sempre novos "verdadeiros" tratados de paz se tornaram necessários: o Protocolo de Londres de Agosto de 1914 (Dawes-Plan), o de Locarno de Outubro de 1925, a entrada na Sociedade das Nações em Setembro de 1926 – a série ainda não terminou.

[559]Desde o início que o pensamento liberal ergueu contra **A217** o Estado e[560] a política a reclamação de "violência". [561] Isso teria sido um dos muitos insultos inofensivos da luta política se a conexão entre uma grande construção metafísica e a interpretação histórica[562] não lhe tivesse fornecido um horizonte mais amplo e uma força de persuasão mais forte. O século XVIII esclarecido via à sua frente uma linha clara e simples do crescente progresso da humanidade[563]. O progresso deveria sobretudo consistir num aperfeiçoamento *intelectual* e *moral* da humanidade; a linha movimentava-se entre *dois* pontos e ia do fanatismo à liberdade espiritual e à maioridade, do dogma à crítica; da superstição ao esclarecimento, das trevas à luz[564]. **B73** No século XIX, que se lhe seguiu, emergem certamente, na

---

[559] Em C, introduz-se aqui a secção 10.

[560] Em A, "contra o Estado" não consta.

[561] Em A, sem fazer parágrafo, o texto dos parágrafos seguintes é substituído pela seguinte passagem: "Isso pode brotar de uma convicção moral genuína, mas também só pode, politicamente considerada, significar que uma posição de poder que assenta no direito privado-económico considera como "violência extra-económica" qualquer correcção que resulte de um outro lado, seja do político, seja do religioso. É instrutivo ver com que simples obviedade, em primeiro lugar, o extra--económico é designado como violência e, depois, é levantada esta reclamação da violência. Nas últimas décadas, são sobretudo as definições de Franz Oppenheimer que apresentam um exemplo deslumbrante deste método liberal."

[562] Em C, "conexão entre uma grande construção metafísica e a interpretação histórica" está em itálico.

[563] Em C, "progresso da humanidade" está em itálico.

[564] C: ... *dois* pontos; ela começava em baixo, na barbárie e no fanatismo, e subia daí até à liberdade espiritual e à maioridade, do dogma à crítica, da **C55** superstição ao esclarecimento, das trevas à luz.

130 | CARL SCHMITT

primeira metade, construções *triádicas* muito significativas, em particular a sequência de níveis dialécticos de Hegel (por exemplo, a comunidade natural – a sociedade burguesa – o Estado) e a famosa lei dos três estádios de Comte (da teologia, através da metafísica, até à ciência positiva). No entanto, ao carácter triádico falta a força de choque polémica da antítese dual[565]. Daí que, assim que, depois dos tempos de tranquilidade, de fadiga e de tentativas de restauração, começou novamente o combate, a simples contraposição dual logo voltou a vencer[566]; mesmo na Alemanha, onde de modo nenhum eram visadas de modo bélico, na segunda metade do século XIX, dualidades como domínio e corporação (em O. Girke) ou comunidade e sociedade (em F. Tönnies) substituíram o esquema triádico[567] de Hegel.

O exemplo mais manifesto e historicamente mais actuante é a antítese formulada por Karl Marx entre o burguês e o proletário, que procura concentrar todos os combates da história universal num único combate final contra o inimigo final da humanidade, na medida em que ela reúne as muitas burguesias da Terra numa única burguesia, os muitos proletariados igualmente num único proletariado, e adquire desta maneira um poderoso agrupamento amigo-inimigo. No entanto, a sua força persuasiva para o século XIX encontra-se sobretudo em ela ter perseguido o seu opositor liberal-burguês até ao âmbito do económico e em colocá-lo aqui, por assim dizer, na sua própria terra com as suas próprias armas. Isso era necessário porque a viragem para o económico estava decidida com a vitória da "sociedade industrial"[568]. O ano de 1814 pode ser conside-

---

[565] C: da oposição dual, simples.

[566] C: Daí que, depois dos tempos de tranquilidade, de fadiga e de tentativas de restauração, a simples contraposição dual logo voltou a vencer.

[567] C: as fórmulas triádicas

[568] Desde o início do parágrafo, C apresenta uma versão modificada: "O melhor exemplo de uma oposição ampliada numa díade politicamente actuante é a antítese desenvolvida por Karl Marx entre o *burguês* e o *proletário*. Que a história universal é uma história das lutas de classe económicas já o disseram alguns historiadores e filósofos. Marx inseriu este pensamento no pensamento histórico-

O CONCEITO DO POLÍTICO | 131

rado como a data desta vitória[569], o ano em que a Inglaterra triunfou sobre o imperialismo militar de Napoleão; como a sua teoria mais simples e transparente, pode ser considerada a interpretação da história de H. Spencer[570], a qual vê a história da humanidade como um desenvolvimento da sociedade militar-feudal para a sociedade industrial-comercial;[571] como a sua primeira mas já completa expressão documental, pode ser considerado o tratado sobre "o espírito da violência conquistadora", sobre o *esprit de conquête*,[572] que Benjamin Constant, o inaugurador de toda a espiritualidade liberal do século XIX, publicou no ano de 1814.

Decisiva é aqui a ligação da fé no progresso que, no século XVIII, era ainda principalmente humanitária-moral e intelectual, ou seja, "espiritual", com o desenvolvimento económico-industrial-técnico do século XIX[573]. "A economia" sentia-se **B74**

-filosófico do desenvolvimento e do progresso, e, através disso, ampliou-o até ao metafísico e à mais extrema efectividade política. Todos os combates da história universal são concentrados num único combate final contra o inimigo final da humanidade, as muitas burguesias da Terra são concentradas numa única burguesia, "a" burguesia, os muitos proletariados são reunidos igualmente num único proletariado, "o" proletariado. Pode adquirir-se, assim, um poderoso agrupamento amigo-inimigo "para a batalha final". Esta construção histórica iluminou o pensamento do século XIX, pois ele perseguiu o seu opositor liberal-burguês até ao âmbito do económico e colocou-o aqui, por assim dizer, na sua própria terra com as suas próprias armas. Pois com a vitória da "sociedade industrial" estava também decidida a viragem para o económico. O marxismo é apenas um caso de aplicação do modo de pensar liberal do século XIX. **C56**

[569] C: de nascimento desta nova fé

[570] C: a interpretação da história de H. Spencer forneceu a sua teoria mais simples e transparente, para quem toda a história da humanidade não é senão um desenvolvimento...

[571] C faz ponto final, e começa: "O primeiro mas já completo documento literário é o tratado..."

[572] C faz ponto final, e termina o parágrafo com a seguinte frase: "Constant é um Padre da Igreja de toda a espiritualidade liberal do século XIX. O seu tratado do ano de 1814 contém já todo o arsenal espiritual deste *saeculum* cheio de ilusão e engano."

[573] C: Decisivo é aqui o seguinte: a fé no progresso que, no século XVIII, era ainda principalmente humanitária-moral, intelectual e "espiritual", transforma-se com o desenvolvimento económico-industrial-técnico do século XIX.

132 | CARL SCHMITT

como a portadora desta grandeza que, na verdade, era muito complexa[574]; economia, comércio e indústria, aperfeiçoamento técnico, liberdade e racionalização tinham lugar como aliados[575], e isso, apesar do seu avanço ofensivo contra o feudalismo, a reacção e o Estado policial, como essencialmente pacíficos em contraposição à actividade bélica violenta. Assim, surge o agrupamento característico para o século XIX:

liberdade, progresso	contra	feudalismo, reacção
e razão		e actividade violenta
ligada com		ligada com
economia, indústria	contra	Estado, guerra
e técnica		e política
enquanto		enquanto
parlamentarismo	contra	ditadura.

---

[574] C: ... portadora de um desenvolvimento progressivo irresistível. Economia, comércio e indústria...

[575] C substitui o resto do parágrafo pelo seguinte: "... aliados óbvios; eles não são separados, são quase indiferenciados, e o homem normal do século XIX não poderia conceber que alguma vez eles pudessem contrapor-se como inimigos. Ao mesmo tempo, contavam indiferenciadamente, no seu conjunto, como essencialmente pacíficos, e como oposição à actividade bélica violenta da era "feudal". Para todo o século XIX, e até aos dias de hoje, para a França oficial liberal-democrática e para todos os vassalos espirituais e políticos guiados por ela resulta, a partir daí, a característica série que se segue, de contraposições político-polémicas:

liberdade, progresso	vencem	feudalismo, reacção
e razão		e actividade violenta
ligada com		ligada com
economia, indústria	vencem	Estado, guerra
e técnica		e política
activos intra-politicamente		
enquanto	vencem	absolutismo e ditadura
parlamentarismo e discussão		

C57

A esta série pode remeter-se todo um século de teorias e discussões políticas. Os elos e pares de opostos singulares da série merecem, por isso, uma observação cuidadosa. Pois alguns alemães (e, compreensivelmente, ainda muitos mais não alemães) querem permanecer a qualquer preço no século XIX.

O CONCEITO DO POLÍTICO | 133

No escrito de Benjamin Constant do ano de 1814 que acabou de ser mencionado, encontra-se já o inventário completo destas antíteses e das suas combinações possíveis[576]. Ali diz-se: [577]estamos na era que tem necessariamente de substituir a era das guerras, tal como a era das guerras a tinha necessariamente de preceder. Segue-se, então, a caracterização de ambas as eras: uma[578] procura obter os bens vitais através do entendimento pacífico (*obtenir de gré à gré*), a outra através de guerra e violência; esta é "l'impulsion sauvage", aquela, ao invés, "le calcul civilisé"[579]. Como guerra e conquista violenta não são capazes de providenciar as comodidades e o conforto que o comércio e a indústria nos proporcionam, as guerras já não têm qualquer utilidade e a guerra vitoriosa é um mau negócio também para o vencedor.[580] Além disso, o imenso desenvolvimento da técnica moderna de guerra (Constant menciona aqui particularmente a artilharia, na qual repousava principalmente a superioridade técnica dos exércitos napoleónicos) tornou sem sentido tudo   **B75** aquilo que anteriormente na guerra era heróico e glorioso, a coragem pessoal e a alegria no combate. A guerra, portanto, assim é a conclusão de Constant, perdeu hoje tanto qualquer utilidade quanto também qualquer atracção; *l'homme n'est plus entraîné à s'y livrer, ni par intérêt, ni par passion*[581]. Antes, os povos guerreiros submetiam os povos comerciantes, hoje é ao contrário.[582]

---

[576] C: Naquele escrito de Benjamin Constant do ano de 1814 encontra-se já o inventário completo deste catecismo liberal.

[577] C: ...entrámos numa era do comércio e da indústria, uma era que tem necessariamente...

[578] C: a era económica

[579] C: esta é impulso selvagem (*l'impulsion sauvage*), aquela, ao invés, cálculo civilizado (*calcul civilisé*).

[580] C: (Isso é muito importante: se ela fosse tida como um bom negócio, ela poderia ser um "ideal social".)

[581] C: ... atracção; nem o interesse económico nem o prazer do combate podem dar a um homem inclinação para a guerra moderna.

[582] C: Por outras palavras: com uma necessidade histórico-filosófica irrompe   **C58** um tempo da paz universal.

Entretanto, a coligação extraordinariamente complexa de economia, liberdade, técnica, ética e parlamentarismo há muito que eliminou os restos do Estado absolutista e de uma aristocracia feudal, perdendo, através disso, qualquer sentido actual[583]. Surgem agora novos agrupamentos e coligações[584] no seu lugar. Economia já não é *eo ipso* liberdade[585]; a técnica serve não apenas o conforto[586], mas igualmente a produção de armas e instrumentos perigosos; o seu progresso não provoca *eo ipso*[587] o aperfeiçoamento humanitário-moral que se pensou no século XVIII como progresso, e[588] uma racionalização técnica pode ser o contrário de uma racionalização económica. Apesar disso, a atmosfera espiritual da Europa permanece até hoje preenchida por esta interpretação histórica do século XIX e, pelo menos até há pouco tempo, as suas fórmulas e os seus conceitos mantinham uma energia que parecia continuar a viver para além da morte do[589] velho opositor.

Nas últimas décadas, o melhor exemplo disto são as teses de Franz Oppenheimer[590]. [591]Como sua meta, Oppenheimer proclama a "erradicação do Estado". O seu liberalismo é tão radi-

---

[583] C: Entretanto, fizemos experiências suficientes para poder provar tais prognósticos na sua correcção, e para provar na sua verdade a metafísica disfarçada como "ciência". A confederação extraordinariamente complexa de economia, liberdade, técnica, ética e parlamentarismo não resistiu. Há muito que eliminou o seu opositor de então, os restos do Estado absolutista e de uma aristocracia feudal, perdendo, através disso, qualquer sentido actual.
[584] C: confederações
[585] C: A economia já não conta para nós por si mesma como um reino da liberdade;
[586] C: o bem-estar e o conforto
[587] C: por si mesmo
[588] C: ... e uma bicicleta a motor não é por si mesma – em virtude do efeito de progresso da técnica mais elevada – um tipo mais humano do que um postilhão de 1830. Também experimentámos, em última análise, que uma racionalização técnica...
[589] C: do seu
[590] C: Nas últimas décadas, um exemplo manifesto disto são as teses do sociólogo de Berlim e Frankfurt Franz Oppenheimer.
[591] Retoma-se aqui, sem que haja parágrafo, o texto de A.

O CONCEITO DO POLÍTICO | 135

cal[592] que ele já não deixa o Estado ser válido como funcionário armado. Ele põe logo em acção a "erradicação" por meio de uma definição carregada de valor e de afecto[593][594]. O conceito de Estado deve ser determinado[595] através do "meio político", e o conceito de sociedade (essencialmente apolítica) deve ser determinado[596] através do "meio económico"[597]. No entanto, os predicados[598] através dos quais o meio político e o meio económico são definidos[599] nada são senão circunscrições características daquele pathos[600] contra política e Estado que oscila na polaridade entre ética e economia[601][602], e antíteses desveladamente polémicas nas quais se espelha a relação polémica entre Estado e sociedade, entre política e economia, do século XIX alemão. O meio económico é[603] a troca; ela[604] é reciprocidade **C59** entre desempenho e contra-desempenho e, por isso, mutualidade, igualdade, justiça e paz[605], em última análise, não menos do que "o espírito corporativo da concórdia, da fraternidade e da própria justiça"[606](XXVII), sendo o meio político, ao invés, "a violência

---

[592] A: O liberalismo é aqui tão radical
[593] A: A "erradicação" é posta logo em acção por meio de uma definição carregada de valor e de afecto.
[594] C: ... por meio de uma série de "definições".
[595] A: é determinado, segundo Oppenheimer,
[596] A: é determinado
[597] C: Ele determina o conceito de Estado através do "meio político", e o conceito contrário da sociedade supostamente essencialmente apolítica através do "meio económico".
[598] A: definições; C: adjectivos
[599] A: diferenciados
[600] C: daquela polémica
[601] Em A, frase termina aqui.
[602] C faz ponto final. E continua: "São antíteses polémicas abertas nas quais..."
[603] C: , segundo Oppenheimer,
[604] C: esta
[605] Em A, está apenas "justiça".
[606] A faz ponto final. E recomeça: "O meio político, ao invés, é o roubo, a violência e a conquista, a "conquistadora violência extra-económica", crimes de toda a espécie."

(XXVII) Cf. a compilação de F. Sander, Gesellschaft und Staat, Studie zur Gesellschaftslehre von Franz Oppenheimer, *Arch. F. Soz.-Wiss.*, 56 (1926), p. 384.

136 | CARL SCHMITT

B76 conquistadora extra-económica", o roubo, a conquista e os crimes de todas as espécies. Uma ordem hierárquica valorativa da relação entre Estado e sociedade mantém-se[607]; contudo, enquanto a concepção de Estado do século XIX alemão, sistematizada por Hegel, construía um Estado que estaria acima do "reino animal" da sociedade "egoísta", como um reino da eticidade e da razão objectiva[608], a ordem valorativa[609][610] está agora ao contrário, e a sociedade, enquanto esfera da justiça pacífica, está [611]infinitamente mais acima do que o Estado, que é degradado para uma região de imoralidade violenta. [612]Os papéis estão trocados, mas a apoteose manteve-se[613]. Mas não é verdadeiramente aceitável, e não está bem nem sob o ponto de vista moral nem psicológico, e menos que tudo científico[614], definir simplesmente com desqualificações morais, na medida em que se contrapõe a troca boa, justa e pacífica, numa palavra, a troca simpática, à política rude, ladra e criminosa[615][616]. Com tais métodos[617], poder--se-ia igualmente definir, pelo contrário, a política como a esfera do combate honroso, e a economia, porém, como um mundo do embuste, pois, em última análise, a conexão do político com o

---

[607] C faz ponto final e continua: "Qualquer um hoje reconhece logo tais "determinações conceptuais" como balas políticas carregadas de emoção; mas elas poderiam sair, enquanto dominava o espírito do século XIX, como "científicas" e "livres de valores". Enquanto a concepção de Estado...

[608] Em A, não consta "e da razão objectiva".

[609] A: a hierarquia de valores

[610] C: ... a ordem valorativa destas novas camadas que entram nos Estados alemães está ao contrário; para elas, a sociedade (o que eles próprios são), enquanto esfera de justiça pacífica, está infinitamente mais acima do que o Estado, isto é, do que os militares e os funcionários que ainda não lhe sejam acessíveis; este Estado, em consequência disso, é "desmascarado" por esta "ciência" sociológica como uma região de imoralidade violenta."

[611] A: ... está acima do Estado, que aparece como uma esfera de roubo e violência.

[612] C faz parágrafo e elimina a frase seguinte, começando: "Mas não é..."

[613] A: permaneceu

[614] A: nem sob o ponto de vista lógico, nem moral nem psicológico...

[615] A: ... desqualificações morais e pôr ao lado do roubo brutal, enquanto "conceito", a troca boa e justa.

[616] Em C, "troca" e "política" estão entre aspas.

[617] A: determinações conceptuais

O CONCEITO DO POLÍTICO | 137

roubo e a violência não é mais específica do que a conexão do económico com a astúcia e o embuste. Trocar e iludir estão frequentemente muito próximos[618]. Um domínio sobre homens que repouse numa base económica, precisamente quando permanecer apolítico, tem de aparecer como um embuste proveitoso, na medida em que se furta a qualquer responsabilidade e visibilidade políticas[619]. O conceito de troca de modo nenhum exclui conceptualmente que um dos contratantes sofra uma desvantagem, e que um sistema de contratos bilaterais se transforme, por fim, num sistema da pior exploração e submissão. Se os explorados e os submetidos se defenderem numa tal situação, eles não o poderão fazer, obviamente, com meios económicos. É igualmente óbvio que os detentores do poder económico designem qualquer tentativa de uma alteração "extra-económica" da sua posição de poder como violência e crime e que a procurem impedir. Só que através disso desvanece-se aquela construção ideal de uma sociedade que repousa sobre a troca e sobre os contratos mútuos, e que é *eo ipso*[620] pacífica e justa[621]. Infelizmente, também usurários e extorsionistas se referem à santidade dos contratos e ao princípio *pacta sunt servanda*[622]; [623]a esfera da troca tem os seus limites apertados e o seu âmbito específico[624], e nem todas as coisas têm um valor de troca[625]. Para a liberdade política, por exemplo, e para a independência política[626] não há qualquer equivalente justo, por maior que possa ser a soma do suborno.

A218

---

[618] Esta frase não se encontra em A.

[619] A: Há, como facto sociológico, um domínio sobre homens que repousa numa base económica, o qual, precisamente quando permanece apolítico, isto é, quando se furta a qualquer responsabilidade e visibilidade, tem de aparecer como um embuste.

[620] C: por si mesma

[621] A: ... que repousa sobre a troca e e que é *eo ipso* justa.

[622] C: Também usurários e extorsionistas se referem à santidade dos contratos, ao princípio *pacta sunt servanda* e ao "Estado de direito";

[623] Em A, a frase começa aqui.

[624] A faz ponto final. Recomeça: "Nem..."

[625] C: a esfera da "troca" tem limites apertados e nem todas as coisas têm um valor de troca.

[626] Em A, não consta "e para a independência política".

C60 Com a ajuda de tais definições e construções, que, em última análise, apenas circunscrevem, todas elas, a polaridade[627] entre ética[628] e economia, não se pode erradicar Estado e política e não se despolitizará o mundo. Que as contraposições económicas se tornaram políticas e que pôde surgir o conceito de "posição de poder económica" mostra apenas que o ponto do político pode ser alcançado a partir da economia como a partir de qualquer âmbito de coisas[629]. [630]Foi sob esta impressão que emergiu o muito citado dito de Walther Rathenau de que **B77** hoje o destino é não a política, mas a economia. [631]Seria mais correcto dizer que depois, tal como antes, a política permanece o destino, e que apenas surgiu que a economia se tornou em algo político, convertendo-se, através disso, em "destino".[632] Daí que fosse também[633] erróneo acreditar que uma posição política adquirida com a ajuda da superioridade[634] económica fosse (como dizia Josef Schumpeter na sua sociologia do imperialismo, de 1919)[635][636] "essencialmente não guerreira". Essencialmente não guerreira, e isso a partir da essência da ideologia liberal, é apenas a terminologia. Um imperialismo[637] economicamente fundado procurará naturalmente introduzir um estado da Terra no qual possa empregar sem impedimentos os seus meios económicos de poder, como bloqueios de crédito, bloqueios de matéria-prima, destruição da moeda[638]

---

[627] A: polaridade tipicamente liberal

[628] A: ética individual

[629] A: Que a posição de poder económica seja hoje cada vez mais forte e crucial significa apenas que ela se aproxima cada vez mais do ponto decisivo do político.

[630] As duas frases seguintes não constam em A.

[631] C acrescenta: "Este dito serve um poder politico que repousa em posições económicas."

[632] C faz parágrafo.

[633] Em A, não se encontra "também".

[634] C: ...posição política baseada na superioridade económica...

[635] Em A, o parêntesis diz apenas "Schumpeter".

[636] C: (como afirmava em 1919 o sociólogo Josef Schumpeter)

[637] A: poder

[638] Em A, a frase conclui: "destruição da moeda, etc.."

O CONCEITO DO POLÍTICO | 139

estrangeira, etc., e obter resultados com eles. Considerará como "violência extra-económica" quando um povo ou um outro grupo humano se procurar furtar ao efeito destes métodos "pacíficos"[639]. Utilizará também meios de coerção mais incisivos, mas sempre ainda "económicos" e, por isso, (segundo esta terminologia) apolíticos, essencialmente pacíficos[640], como, por exemplo, foi enumerado pela Sociedade das Nações de Genebra nas "linhas de orientação" para a execução do art. 16° do Estatuto da Sociedade das Nações[641] (número 14 da resolução da 2ª Assembleia da Sociedade das Nações, de 1921): interrupção do abastecimento de meios de alimentação à população civil e bloqueio até à fome. Por fim, dispõe ainda de meios técnicos de morte física violenta, de armas modernas tecnicamente perfeitas que, com empenho de capital e inteligência, se tornaram utilizáveis de um modo tão inaudito que, em caso de necessidade, também serão realmente usadas[642]. Para o **C61** emprego de tais meios forma-se um novo vocabulário, essencialmente pacifista, que já não conhece a guerra, mas apenas execuções, sanções, expedições punitivas, pacificações, protecção de tratados, polícia internacional[643], medidas para o asseguramento da paz.[644] O opositor já não se chama inimigo, mas, para estas, ele é [645] posto, enquanto destruidor da paz e perturbador da paz, *hors-la-loi* e *hors l'humanité*, e uma guerra **A219** levada a cabo para a protecção ou para o alargamento de posi-

---

[639] Em A, "pacíficos" não está entre aspas.

[640] A: Utilizará, além disso, quando estes métodos já não forem suficientes, meios de coerção "económica" mais incisivos, como, por exemplo, foram enumerados pela 2ª Assembleia da Sociedade das Nações em 1921 nas "linhas de orientação"...

[641] A: ..., por exemplo, interrupção do abastecimento de meios de alimentação à população civil (número 14 das linhas de orientação), bloqueio até à fome, etc..

[642] A: ... de morte física violenta, e seria vão esperar que as inauditas armas modernas perfeitas só seriam produzidas, com empenho de capital e inteligência, para certamente nunca chegarem a ser empregues.

[643] A: ... e asseguramento da paz.

[644] C faz parágrafo.

[645] A: ... ele é tratado como criminoso ou como "*mad dog*", e uma guerra...

140 | CARL SCHMITT

ções de poder económico tem de ser convertida, com o empenho da propaganda, numa "cruzada" e numa "última guerra da humanidade"[646]. Assim o requer a polaridade entre ética e
B78 economia[647]. Nela mostra-se, com efeito, uma sistematicidade e uma consequência espantosas[648], mas também este sistema supostamente apolítico e aparentemente até anti-político[649] ou serve agrupamentos amigo-inimigo existentes ou conduz a novos agrupamentos amigo-inimigo[650], e não consegue escapar à consequência do político.

---

[646] C: O opositor, neste sistema politico de despolitizações, já não se chama "inimigo", mas, para este, ele é posto, enquanto "destruidor da paz" e "perturbador da paz", fora da humanidade (hors-la-loi e hors l'humanité). Uma guerra levada a cabo para a protecção ou para o alargamento de posições de poder económico tem de ser convertida, com o empenho de arremetidas abominadoras e da propaganda, numa "cruzada" e numa "última guerra da humanidade".

[647] C: polaridade liberal entre ética e economia, idealismo e materialismo, formação e posse.

[648] A: ... espantosas do individualismo liberal,

[649] A: ... e até mesmo anti-político...

[650] A: ... segundo o amigo e o inimigo...

A Era das Neutralizações e das Despolitizações

Nós, na Europa Central, vivemos *sous l'oeil des Russes*. Desde há um século, o seu olhar psicológico contemplou as nossas grandes palavras e as nossas instituições; a sua vitalidade é suficientemente forte para se apoderar do nosso conhecimento e da nossa técnica como armas; a sua coragem para o racionalismo e para o seu contrário, a sua força para a ortodoxia naquilo que é bom e que é mau é avassaladora. Eles realizaram a ligação entre socialismo e esclavagismo que Donoso Cortés, já no ano de 1848, profetizou como o acontecimento decisivo do século vindouro. Tal é a nossa situação. Não se poderá dizer qualquer palavra digna de nota sobre cultura e história sem se estar consciente da própria situação cultural e histórica. Desde Hegel que muitos, e, melhor do que todos, Benedetto Croce, nos disseram que todo o conhecimento histórico é conhecimento do presente, que ele recebe do presente a sua luz e a sua intensidade, e que, no sentido mais profundo, só serve o presente porque todo o espírito só é espírito presente. Em numerosos historiadores famosos da última geração temos esta verdade simples ainda diante dos olhos, e já hoje não há ninguém que se deixasse iludir, através da acumulação de material, sobre o quanto toda a apresentação e construção históricas estão cheias de projecções e identificações ingénuas. A primeira consciência, portanto, seria consciência da situação presente própria. É isso que se deve lembrar com aquela consideração acerca dos russos. Uma presentificação consciente é hoje difícil, mas também é tanto mais necessária. Todos os sinais apontam para que nós, na Europa em 1929, ainda vivíamos num período de cansaço e de tentativas de restauração, tal como é habitual e concebível depois das grandes guerras. Quase uma inteira geração da humanidade europeia estava, no século XIX, depois da guerra de coligação de vinte anos contra a França, depois de 1815, numa constituição espiritual daquelas que se **B80** podem reduzir à fórmula: legitimidade do *status quo*. Todos os argumentos de um tal tempo contêm, na realidade, menos a revivificação de coisas passadas ou que passam do que um *status quo* convulsivo, em termos de política externa e interna, que mais? Enquanto isso, a tranquilidade do clima da restauração serve um desenvolvimento rápido e imperturbado de coisas novas e de novas relações, cujo sentido e direcção é escondido pelas fachadas restauradas. Se o instante tiver chegado, o pano de fundo legitimista desaparece como um fantasma vazio.

Os russos nomearam o século XIX europeu pelos seus termos, reconheceram-no no seu núcleo e retiraram as consequências últimas das suas premissas culturais. Vive-se sempre debaixo do olhar do irmão mais radical que nos obriga a levar até ao fim a conclusão prática. De um modo completamente independente de prognósticos em termos de política externa e interna, uma coisa pode-se dizer determinadamente: que se levou a sério, no solo russo, a anti-religião da tecnicidade, e que aqui surge um Estado que é mais estatal, e que o é de um modo mais intensivo, do que alguma vez um Estado do príncipe mais absoluto, de Filipe II, de Luís XIV ou de Frederico o Grande. Tudo isso se pode compreender como situação apenas a partir do desenvolvimento europeu dos últimos séculos; ele completa e ultrapassa especificamente ideias europeias e mostra, num enorme incremento, o núcleo da história moderna da Europa.

A sequência de níveis dos âmbitos centrais em mutação

Lembremo-nos dos níveis nos quais o espírito europeu dos últimos quatro séculos se movimentou, e das diferentes esferas

O CONCEITO DO POLÍTICO 143

espirituais nas quais ele encontrou o centro da sua existência humana. São quatro grandes passos simples, seculares. Eles correspondem aos quatro séculos e vão do teológico ao metafísico, daí ao humanitário-moral e, finalmente, ao económico. Grandes intérpretes da história da humanidade, Vico e Comte, generalizaram este processo europeu único numa lei geral do **B81** desenvolvimento humano, e em milhares de banalizações e vulgarizações foi então propagada a famosa "lei dos três estádios" – do teológico para o metafísico, e daí para o "científico" ou para o "positivismo". Na verdade, de um modo positivo, nada mais se pode dizer senão que a humanidade europeia, desde o século XVI, realizou múltiplos passos de um âmbito central para um outro, e que tudo aquilo que constitui o conteúdo do nosso desenvolvimento cultural está sob a influência de tais passos. Nos passados quatro séculos da história europeia, a vida espiritual teve quatro centros diferentes, e o pensamento da elite activa que formava a respectiva tropa avançada movia-se, nos diferentes séculos, em torno de diferentes pontos centrais.

Só a partir destes centros, que constantemente se deslocam, se podem compreender os conceitos das diferentes gerações. O deslocamento – do teológico para o metafísico, daí para o humanitário-moral e, finalmente, para o económico – *não* é aqui visado, para o repetir enfaticamente, como "teoria dominante" na história da cultura e do espírito, *nem* também como uma *lei* de filosofia da história no sentido da lei dos três estádios ou de construções semelhantes. Não falo da cultura da humanidade no seu todo nem do ritmo da história universal, e não consigo dizer nada nem dos chineses, nem dos indianos ou dos egípcios. Daí que a sequência dos níveis dos âmbitos centrais em mutação também não seja pensada nem como a linha progressiva de um "progresso" para cima, nem como o seu contrário, e seria uma questão por si própria se se quiser assumir aqui um curso de níveis de cima para baixo ou de baixo para cima, uma ascensão ou um declínio. Finalmente, seria também um equívoco interpretar a sequência de níveis como se nada mais tivesse havido em cada um destes séculos senão precisamente o âmbito central. Ao invés, existe sempre um lado a lado pluralista de diferentes níveis já percorridos; homens do mesmo tempo e da mesma terra, e até da mesma família, vivem lado a lado em diferentes níveis, e a Berlim hodierna, por exemplo, está, na linha aérea cultural, mais próxima de Nova Iorque e de Moscovo que de Munique ou de Trier. Os âmbitos centrais em mutação dizem respeito, portanto, apenas ao facto concreto de que, nestes quatro séculos da história europeia, as elites condutoras mudaram, de que a evidência das suas convicções e argumentos se alterou progressivamente, bem como o conteúdo dos seus interesses espirituais, o princípio do seu agir, o segredo do seu sucesso político e a preparação das grandes massas para se deixarem impressionar por sugestões determinadas.

Clara e particularmente nítida, enquanto viragem histórica única, é a passagem da teologia do século XVI para a metafísica do século XVII, para aquele tempo maior da Europa não apenas sob o ponto de vista metafísico, mas também científico, a autêntica era dos heróis do racionalismo ocidental. Esta época do pensamento sistematicamente científico abrange simultaneamente Suarez e Bacon, Galileu, Kepler, Descartes, Grotius, Hobbes, Espinosa, Pascal, Leibniz e Newton. Todos os espantosos conhecimentos matemáticos, astronómicos e de ciência natural deste tempo foram construídos num grande sistema metafísico ou "natural", todos os pensadores eram metafísicos de grande rasgo, e mesmo a superstição característica do tempo estava, de um modo cósmico-racionalista, na forma da astrologia. O século XVIII que se seguiu pôs de lado a metafísica, com a ajuda das construções de uma filosofia deísta, e foi uma vulgarização de grande rasgo, iluminismo, apropriação literária dos grandes acontecimentos do século XVII, humanização e racionalização. Pode-se seguir em detalhe o quanto Suarez continua a ser actuante em incontáveis escritos populares; para alguns conceitos fundamentais da moral e da teoria do Estado, Pufendorff é apenas um epígono de Suarez e, por fim, o *contrat social* de Rousseau é apenas uma vulgarização de Pufendorff. Mas o pathos específico do século XVIII é o da "virtude", a sua palavra mítica é *vertu*, dever. Nem mesmo o romantismo de Rousseau salta ainda conscientemente o quadro das categorias morais. Uma expressão

O CONCEITO DO POLÍTICO | 145

característica deste século é o conceito de Deus de Kant, em cujo sistema Deus, como se disse de maneira algo tosca, já só aparece como um "parasita da ética"; cada palavra na junção de palavras **B83** "crítica da razão pura" – crítica, pura e razão – dirige-se polemicamente contra dogma, metafísica e ontologismo.

Segue-se então, com o século XIX, um século de ligação aparentemente híbrida e impossível entre tendências estético-românticas e económico-técnicas. Na realidade, o romantismo do século XIX – se não quisermos converter de uma maneira romântica o termo romântico, um pouco dadaísta, num veículo de confusões – significa apenas o nível intermédio do estético entre o moralismo do século XVIII e o economismo do século XIX, apenas uma passagem que foi efectuada por meio da estetização de todos os âmbitos espirituais, e isso de um modo muito ligeiro e bem sucedido. Pois o caminho do metafísico e moral para o económico passa pelo estético, e o caminho pelo consumo e pela fruição estéticos, ainda tão sublimes, é o caminho mais seguro e mais cómodo para uma economização geral da vida espiritual e para uma constituição espiritual que encontra na produção e consumo as categorias centrais da existência humana. No desenvolvimento subsequente, o esteticismo romântico serve o económico e é um fenómeno típico que o acompanha. No entanto, o técnico aparece ainda, no século XIX, na mais estreita ligação com o económico, como "industrialismo". O exemplo característico disto é a conhecida construção histórica e social do sistema marxista. Ela tem o económico como base e fundamento, como o "alicerce" de tudo o que é espiritual. Ela vê já o técnico no núcleo do económico, e determina as épocas económicas da humanidade segundo o meio técnico específico. No entanto, o sistema enquanto tal é um sistema económico, e os elementos tecnicistas só emergem em vulgarizações mais tardias. No seu todo, o marxismo quer pensar economicamente, e com isso permanece no século XIX, o qual é essencialmente económico.

Certamente, o progresso técnico torna-se, já no século XIX, tão espantoso, e as situações sociais e económicas transformam-se, em consequência disso, tão rapidamente, que todos os problemas morais, políticos, sociais e económicos são apanhados pela realidade deste desenvolvimento técnico. Debaixo da tremenda sugestão de sempre novas e surpreendentes invenções e realizações, surge uma religião do progresso técnico para a qual todos os outros problemas se resolvem por si mesmos precisamente através do progresso técnico. Para as grandes massas das terras industrializadas esta crença era evidente e óbvia. Elas saltaram por cima de todos os níveis intermédios que são característicos do pensamento das elites liderantes, e nelas emerge logo, a partir da religião da crença nos milagres e no além, sem elo intermédio, uma religião do milagre técnico, das realizações humanas e da dominação da natureza. Uma religiosidade mágica passa para uma igualmente mágica tecnicidade. Assim, o século XX aparece, no seu começo, como a era não apenas da técnica, mas também de uma crença religiosa na técnica. Ele foi frequentemente designado como era da técnica, mas a situação no seu conjunto, com isso, só provisoriamente é caracterizada, e a pergunta pelo significado da tecnicidade avassaladora deve, à partida, permanecer em aberto. Pois, na verdade, a crença na técnica é apenas o resultado de uma direcção determinada na qual o deslocamento dos âmbitos centrais se movimenta, e ela surgiu como crença a partir da direcção sequencial dos deslocamentos.

Todos os conceitos da esfera espiritual, inclusive o conceito espírito, devem ser compreendidos em si pluralisticamente, e só podem ser compreendidos a partir da existência política concreta. Tal como cada nação tem um conceito próprio de nação e encontra as marcas constitutivas da nacionalidade em si mesma e não em outra, também cada cultura e cada época cultural tem o seu conceito próprio de cultura. Todas as representações essenciais da esfera espiritual do homem são existenciais e não normativas. Se o centro da vida espiritual, nos últimos quatro séculos, se desloca progressivamente, também se alteram progressivamente, em consequência disso, todos os conceitos e termos, e é necessário lembrar-se da plurivocidade de cada termo e conceito. Os equívocos mais frequentes e grosseiros (dos quais, no entanto, vivem muitos enganadores) explicam-

O CONCEITO DO POLÍTICO | 147

-se a partir da falsa transferência de um conceito radicado num determinado âmbito – só no metafísico, ou só no moral, ou só no económico – para os outros demais âmbitos da vida espiri- **B85** tual. Não é apenas que os processos e os acontecimentos que provocam interiormente uma impressão sobre os homens e se convertem em objecto da sua reflexão e dos seus diálogos se orientam constantemente segundo o âmbito central – o terramoto de Lisboa, por exemplo, pôde provocar, no século XVIII, toda uma inundação de literatura moralizadora, enquanto hoje um semelhante acontecimento permanece sem repercussões intelectuais mais profundas, sendo que, pelo contrário, uma catástrofe na esfera económica, uma grande queda de preços ou um colapso, ocupa intensivamente não apenas o interesse prático, mas também o interesse teórico das mais amplas camadas. Também os conceitos específicos dos séculos singulares adquirem o seu sentido característico a partir do respectivo âmbito central do século. Posso tornar isso claro num exemplo. A representação de um *progresso*, por exemplo, de uma melhoria e de um aperfeiçoamento, dito modernamente, de uma racionalização, foi dominante no século XVIII, e isso num tempo de fé humanitária-moral. Por conseguinte, progresso significava sobretudo progresso no esclarecimento, progresso na formação, auto-domínio e educação, aperfeiçoamento *moral*. Num tempo de pensamento económico ou técnico, o progresso é pensado tácita e obviamente como progresso económico ou técnico, e o progresso humanitário-moral aparece, na medida em que em geral ainda interesse, como subproduto do progresso económico. Se um âmbito se tiver tornado alguma vez âmbito central, os problemas dos outros âmbitos são resolvidos a partir daí e já só são válidos como problemas de segunda ordem, cuja solução se dá por si mesma desde que os problemas do âmbito central estejam solucionados.

Assim, para uma era teológica, tudo se resolve por si mesmo quando as questões teológicas são postas em ordem; tudo o mais "será concedido" então aos homens. E correlativamente para as outras eras: para um tempo humanitário-moral, trata-se apenas de educar e de formar moralmente os homens, todos os problemas se tornam problemas de educação; para um tempo económico, precisa-se apenas de resolver correctamente o problema da criação de bens e da repartição de bens, e todas as questões morais e sociais já não constituirão dificuldades; para o pensamento meramente técnico, através de novas invenções técnicas também o problema económico será solucionado e todas as questões, inclusivamente as económicas, recuam diante da tarefa do progresso técnico. Um outro exemplo sociológico para o pluralismo de tais conceitos: o aparecimento típico do representante da espiritualidade e da publicidade, o *clerc*, é determinado para cada século, na sua particularidade específica, a partir do âmbito central. Ao teólogo e pregador do século XVI segue-se o sistemático erudito do século XVII que vive numa verdadeira república de eruditos e está muito afastado das massas; depois seguem-se os escritores do iluminismo do século XVIII, que ainda continua aristocrático. No que diz respeito ao século XIX, não se se pode deixar enganar pelo *intermezzo* do génio romântico e pelos muitos sacerdotes de uma religião privada; o *clerc* do século XIX (o maior exemplo é Karl Marx) torna-se num especialista económico, e a questão é apenas o quanto o pensamento económico em geral ainda concede o tipo sociológico do *clerc* e o quanto economistas políticos e síndicos economicamente formados podem constituir uma liderança espiritual. Para o pensamento tecnicista, um *clerc* parece, em todo o caso, já não ser possível, sendo que ainda há que falar sobre isso mais abaixo, no tratamento desta era da tecnicidade. A pluralidade do tipo do *clerc*, no entanto, depois destas curtas indicações, já está suficientemente clara. Como se disse, todos os conceitos e representações da esfera espiritual – Deus, liberdade, progresso, as representações antropológicas acerca da natureza humana, aquilo que é a esfera pública, o racional e a racionalização, por fim, tanto o conceito de natureza como o conceito da própria cultura –, tudo isso adquire o seu conteúdo histórico concreto a partir da situação do âmbito central e só a partir daí pode ser concebido.

Sobretudo também o *Estado* assume a sua realidade e força a partir do respectivo âmbito central, pois os tópicos paradigmáti-

O CONCEITO DO POLÍTICO | 149

cos controversos dos agrupamentos amigo-inimigo determinam-
-se precisamente segundo o âmbito de coisas paradigmático.
Enquanto o religioso-teológico estava no centro, o princípio **B87**
cujus regio ejus religio tinha um sentido político. Quando o
religioso-teológico deixou de ser âmbito central, também este
princípio perdeu o seu interesse prático. Entretanto, ele per-
passou por sobre o estádio cultural da nação e do princípio da
nacionalidade (*cujus regio ejus natio*) para o económico, e diz
então: não pode haver dois princípios económicos contraditó-
rios num e no mesmo Estado; a ordem económica capitalista e
comunista excluem-se uma à outra. O Estado soviético realizou
o princípio *cujus regio ejus oeconomia* num alcance que prova que
a conexão entre âmbito compacto e homogeneidade espiritual
compacta de modo nenhum existe apenas para os combates de
religião do século XVI nem apenas para a medida de pequenos
e médios Estados europeus, mas sempre se adequa aos âmbitos centrais em mutação da vida espiritual e às dimensões em
mutação de impérios mundiais autárquicos. Aquilo que deste
fenómeno é essencial encontra-se em que um Estado económico homogéneo corresponde ao pensamento económico. Um
Estado desta espécie quer ser um Estado moderno, um Estado
que saiba acerca da situação temporal e cultural própria. Ele
tem de levantar a reivindicação de conhecer correctamente o
desenvolvimento história no seu conjunto. É nisso que repousa
o seu direito a dominar. Um Estado que, numa era económica,
renuncie a conhecer e conduzir correctamente a partir de si as
relações económicas tem de se declarar como neutral diante
das questões e decisões políticas, e renuncia, com isso, à sua
reivindicação de dominar.
    É um fenómeno estranho que o Estado liberal europeu do
século XIX se tenha podido estabelecer a si mesmo como *stato
neutrale ed agnostico* e tenha podido ver o seu direito à existência
precisamente na sua neutralidade. Isso tem diferentes razões
e não se pode explicar com uma palavra nem a partir de uma
única causa. Aqui interessa como sintoma de uma neutralidade
cultural universal em geral; pois a doutrina acerca do Estado
neutral do século XIX está no quadro de uma tendência geral a

um neutralismo espiritual que é característico da história europeia dos últimos séculos. Encontra-se aqui, creio, a explicação histórica para aquilo que se designou como era da técnica. Isso precisa ainda de, pelo menos, uma pequena apresentação.

Os níveis da neutralização e despolitização

A sequência de níveis acima apresentada – do teológico, por sobre o metafísico e o moral até ao económico – significa, simultaneamente, uma série de progressivas neutralizações dos âmbitos dos quais o centro se foi afastando. Tenho como a mais forte e a mais rica em consequências de todas as viragens espirituais da história europeia o passo que o século XVII deu da teologia cristã tradicional para o sistema de uma cientificidade "natural". Até ao dia de hoje, é através dele que foi determinada a direcção que todo o desenvolvimento subsequente teria de assumir. Sob a grande impressão deste processo estão todas as "leis" universalizantes da história da humanidade, tais como a lei dos três estádios de Comte, a construção por Spencer do desenvolvimento da era militar para a era industrial, e semelhantes construções histórico-filosóficas. No cerne da espantosa viragem encontra-se um motivo fundamental elementar simples, que foi determinante por séculos, designadamente o anseio por uma esfera neutral. Depois das disputações e das controvérsias teológicas do século XVI, sem saída, a humanidade europeia procurou um âmbito neutral no qual a luta terminasse, e onde pudesse haver entendimento, união e mútua persuasão. Abstraiu-se, por isso, dos conceitos e argumentações controversos da teologia cristã tradicional e construiu um sistema "natural" da teologia, de metafísica, de moral e de direito. O processo da história do espírito foi retratado por Dilthey numa apresentação que se tornou famosa com razão, na qual foi realçado o grande significado da tradição estóica. Mas aquilo que é essencial parece-me encontrar-se em que aquilo que foi até agora o âmbito central, a teologia, é abandonado por ser um âmbito de luta, e em procurar-se um outro âmbito neutral.

O CONCEITO DO POLÍTICO | 151

Aquele que é até agora o âmbito central é neutralizado ao deixar de ser âmbito central, e do solo do novo âmbito central **B89** espera-se encontrar o mínimo de concórdia e premissas comuns que possibilita segurança, evidência, entendimento e paz. Com isso, a direcção rumo à neutralização e minimalização estava tomada e estava aceite a lei de acordo com a qual a humanidade europeia tinha "entrado" para os séculos seguintes e tinha formado o seu *conceito de verdade*. Os conceitos elaborados em muitos séculos de pensamento teológico tornam-se agora desinteressantes e coisa privada. O próprio Deus é posto fora do mundo, na metafísica do deísmo no século XVIII, e torna-se numa instância neutral diante dos combates e das contraposições da vida real; ele torna-se, tal como disse Hamann contra Kant, um conceito e deixa de ser um ser. No século XIX, primeiro o monarca, depois o Estado torna-se numa grandeza neutral, e aqui cumpre-se na doutrina liberal do *pouvoir neutre* e do *stato neutrale* um capítulo de teologia política no qual o processo de neutralização encontra a sua fórmula clássica, porque agora também agarrou aquilo que é decisivo, o poder político. No entanto, faz parte da dialéctica de um tal desenvolvimento que, precisamente através do deslocamento do âmbito central, se crie constantemente um novo âmbito de combate. Com base no novo campo, tido à partida como neutral, desenrola-se logo, com uma nova intensidade, a contraposição dos homens e interesses, e isso com tanto mais força quanto mais firmemente se toma posse do novo âmbito de coisas. A humanidade europeia sempre se transfere de um âmbito de combate para um âmbito neutral, e sempre logo o âmbito neutral adquirido de novo volta a ser âmbito de combate e se torna necessário procurar novas esferas neutrais. Mesmo a cientificidade da natureza não pôde introduzir a paz. A partir das guerras de religião vieram a ser as guerras nacionais do século XIX, determinadas em parte ainda culturalmente, em parte já economicamente, e por fim, simplesmente, as guerras económicas.

A evidência da fé na técnica, hoje muito espalhada, repousa apenas em que se podia acreditar ter encontrado na técnica o

152 | CARL SCHMITT

solo absoluta e definitivamente neutral. Pois, aparentemente, nada há de mais neutral do que a técnica. Ela serve a cada um, tal como a rádio se pode utilizar para notícias de toda a espécie e para qualquer conteúdo, ou tal como o correio transporta as suas missivas sem considerar o conteúdo e não pode resultar da técnica operativa do correio um critério para a avaliação e o julgamento da missiva transportada. Em contraste com as questões teológicas, metafísicas, morais e mesmo económicas, sobre as quais se pode lutar eternamente, os problemas puramente técnicos têm algo de refrescantemente objectivo; eles conhecem soluções lúcidas e pode-se compreender que se se procure salvar da problemática inextricável de todas as outras esferas na tecnicidade. Aqui todos os povos e nações, todas as classes e confissões, todas as idades humanas e sexos parecem poder unir-se rapidamente, pois todos se servem com igual obviedade das vantagens e das comodidades do conforto técnico. Aqui, portanto, parece existir o solo de um equilíbrio geral, de que Max Scheler, numa conferência do ano de 1927, se fez preconizador. Toda a luta e confusão da discórdia confessional, nacional e social são aqui niveladas num âmbito completamente neutral. A esfera da técnica parecia ser uma esfera de paz, de entendimento e de reconciliação. A conexão da fé pacifista e tecnicista, de outro modo inexplicável, explica-se a partir daquela orientação em direcção à neutralização para a qual o espírito europeu no século XVII se decidiu, e que ele, como sob um destino, continuou a perseguir até ao século XX.

No entanto, a neutralidade da técnica é algo diferente da neutralidade de todos os âmbitos que tiveram lugar até agora. A técnica é sempre apenas instrumento e arma, e ela não é neutral precisamente porque ela serve a cada um. Da imanência do técnico não resulta nem uma única decisão humana e espiritual, menos que tudo a decisão pela neutralidade. Cada espécie de cultura, cada povo e cada religião, cada guerra e cada paz pode servir-se da técnica como arma. Que os instrumentos e as armas se tornem cada vez mais utilizáveis, isso torna a verosimilhança de um uso real tanto maior. Um progresso técnico não precisa de ser um progresso nem metafisicamente, nem moral-

O CONCEITO DO POLÍTICO

mente nem sequer económico. Se hoje ainda muitos homens **B91** esperam do aperfeiçoamento técnico também um progresso humanitário-moral, eles ligam, de uma maneira inteiramente mágica, técnica e moral, e nisso pressupõem sempre apenas, de um modo aliás algo ingénuo, que se usará o grandioso instrumentário da técnica hodierna apenas no seu sentido próprio, isto é, sociologicamente, que eles mesmos se tornarão os senhores destas armas temíveis e que poderão reivindicar o poder imenso que lhes está ligado. Mas a técnica permanece ela mesma, se assim me é permitido dizer, culturalmente cega. Por conseguinte, de um puro nada-senão-técnica não se pode retirar nem uma das consequências que, de outro modo, são extraídas dos âmbitos centrais da vida espiritual: nem um conceito de progresso cultural, nem o tipo de um *clerc* ou de líder espiritual, nem um determinado sistema político.

A esperança de que dos inventores técnicos se desenvolveria uma camada política dominante, até agora, não se realizou. As construções de Saint-Simon e de outros sociólogos que esperavam uma sociedade "industrial" ou não são puramente tecnicistas, mas misturadas em parte com elementos humanitários-morais, em parte com elementos económicos, ou são simplesmente fantásticas. A liderança e direcção económica da economia hodierna não está nas mãos dos técnicos, e até agora ninguém pôde construir uma ordem social liderada por técnicos de outro modo que não construindo uma sociedade sem liderança nem direcção. Mesmo Georges Sorel não permaneceu engenheiro, mas tornou-se num *clerc*. Não se pode calcular a partir de nenhuma invenção técnica significativa aquilo que serão os seus efeitos políticos, objectivos. As invenções do século XV e XVI tiveram um efeito de liberdade, individualista e rebelde; a invenção da arte da imprensa conduziu à liberdade de imprensa. Hoje, as invenções técnicas são o meio de uma imensa dominação das massas; do rádio faz parte o monopólio do rádio, do filme a censura aos filmes. A decisão sobre liberdade e servidão não se encontra na técnica enquanto técnica. Ela pode ser revolucionária e reaccionária, servir a liberdade e a submissão, a centralização e a descentralização. A partir dos

B92 seus princípios e pontos de vista apenas técnicos não se dá nem um questionamento político nem uma resposta política.

A geração alemã que nos antecedeu estava tomada por um sentimento de declínio cultural que já se manifestava antes da guerra mundial e que de modo nenhum precisava de esperar pelo irromper do ano de 1918 nem pelo declínio do Ocidente de Spengler. Em Ernst Troeltsch, Max Weber, Walter Rathenau encontram-se numerosas manifestações de um tal sentimento. O poder irresistível da técnica aparecia aqui como domínio da ausência de espírito sobre o espírito, ou como mecânica que talvez tivesse espírito, mas seria despojada de alma. A um século europeu que se lamenta sobre a "maladie du siècle" e que espera o domínio de Caliban ou "After us the Savage God" prende-se uma geração alemã que se lamenta sobre uma era da técnica despojada de alma, na qual a alma é desamparada e impotente. Ainda na metafísica de Max Scheler do Deus impotente ou na construção de Leopold Ziegler de uma elite meramente de passagem, flutuante e, finalmente, impotente documenta-se o desamparo, seja da alma ou do espírito, diante da era da técnica.

O medo era justificado porque brotava de um sentimento obscuro pela consequência do processo de neutralização que agora chegava ao fim. Pois com a técnica a neutralidade espiritual tinha chegado ao nada espiritual. Depois de se ter abstraído da religião e da teologia, depois da metafísica e do Estado, parecia-se agora ter abstraído de tudo o que é cultural em geral e ter alcançado a neutralidade da morte cultural. Enquanto uma religião de massas vulgar esperava da aparente neutralidade da técnica o paraíso humano, aqueles grandes sociólogos sentiam que a tendência que dominara todas as sequências dos níveis do moderno espírito europeu ameaçava doravante a própria cultura. A isso se acrescentava o medo diante das novas classes e massas que surgiam com base na *tabula rasa* criada pela tecnificação completa. Do abismo de um nada cultural e social são lançadas sempre novas massas, estranhas à formação tradicional e **B93** ao gosto tradicional, ou mesmo inimiga deles. Mas o medo não era outra coisa, em última análise, senão a dúvida sobre a força

O CONCEITO DO POLÍTICO | 155

própria para pôr ao seu serviço o grandioso instrumentário da nova técnica, apesar de este apenas esperar que se se sirva dele.

Também não é permitido estabelecer um resultado do entendimento humano e da disciplina humana, tal como é qualquer técnica, e particularmente a técnica moderna, simplesmente como morto e despojado de alma, e simplesmente confundir a religião da tecnicidade com a própria técnica. O espírito da tecnicidade, o qual conduziu para a fé das massas de um activismo anti-religioso no aquém, é espírito, talvez espírito maligno e satânico, mas que não pode ser descartado como mecanístico e não pode ser contado como técnica. Ele talvez seja algo horrível, mas não é ele mesmo nada técnico e maquinal. Ele é a convicção de uma metafísica activista, a fé num poder e domínio ilimitado do homem sobre a natureza, e mesmo sobre a *physis* humana, a fé num ilimitado "retroceder dos limites naturais", nas ilimitadas possibilidades de mudança e de felicidade da existência natural dos homens no aquém. Pode-se chamar a isso fantástico e satânico, mas não simplesmente morto, carência de espírito ou um despojamento de alma mecanizado.

Do mesmo modo, o temor diante do nada cultural e social brotou antes de um medo em pânico em torno do *status quo* ameaçado, mais do que de um saber tranquilo em torno do carácter peculiar dos processos espirituais e da sua dinâmica. Todos os novos e grandes ímpetos, cada revolução e cada reforma, cada nova elite vem da ascese e de uma pobreza voluntária ou involuntária, no que a pobreza significa sobretudo a renúncia à segurança do *status quo*. O cristianismo originário e todas as reformas fortes no interior do cristianismo, a renovação beneditina, a clunicense, a franciscana, os baptistas e os puritanos, mas também cada renascimento genuíno, com o seu regresso ao princípio simples da própria espécie, cada *retornar al principio* genuíno, cada regresso à natureza intacta, não corrupta, aparece diante do conforto e do bem-estar do *status quo* existente como um nada cultural ou social. Ele cresce silenciosamente e na obscuridade, e, nos seus primeiros inícios, um historiador e sociólogo reconheceria, por sua vez, apenas nada. O instante da representação resplandecente é também

B94

já o instante no qual aquela conexão com o início secreto e inconspícuo está ameaçada.

O processo de progressiva neutralização dos diferentes âmbitos da vida cultural chegou ao seu fim, porque chegou à técnica. A técnica já não é um solo neutral no sentido daquele processo de neutralização, e qualquer política forte servir-se-á dela. Daí que captar o século presente, em sentido espiritual, como o século técnico só possa ser algo provisório. O sentido definitivo só se dá quando se mostrar que espécie de política é suficientemente forte para se apoderar da nova técnica, e quais são os autênticos agrupamentos amigo-inimigo que crescem nesse novo solo. As grandes massas dos povos industrializados agarram-se hoje ainda a uma vaga religião da tecnicidade, pois elas, como todos os homens, procuram a consequência radical e acreditam inconscientemente que aqui foi encontrada a absoluta despolitização que se procura há séculos, e com a qual a guerra termina e começa a paz universal. No entanto, a técnica nada pode fazer senão potenciar a paz ou a guerra, ela está pronta para ambas do mesmo modo, e o nome e a invocação da paz nada altera nesse ponto. Perpassamos hoje com o olhar a névoa dos nomes e das palavras com as quais a maquinaria psicotécnica da sugestão de massas trabalha.

Conhecemos até a lei secreta deste vocabulário e sabemos que hoje a guerra mais terrível só é levada a cabo em nome da paz, a mais temível opressão em nome da liberdade, e a mais terrível desumanidade em nome da humanidade. Perpassamos pelo olhar, por fim, também o sentimento daquela geração que via na era da tecnicidade apenas a morte espiritual ou a mecânica despojada de alma. Reconhecemos o pluralismo da vida espiritual e sabemos que o âmbito central da existência espiritual não pode ser um âmbito neutral, e que é falso solucionar um problema político com antíteses entre mecânico e **B95** orgânico, morte e vida. Uma vida que já não tem frente a ela mesma senão a morte já não é vida, mas impotência e desamparo. Quem já não conhecer qualquer outro inimigo senão a

O CONCEITO DO POLÍTICO

morte, e nada vir no seu inimigo senão uma mecânica vazia, estará mais próximo da morte que da vida, e a confortável antítese entre o orgânico e o mecânico é em si mesma algo mecânico em bruto. Um agrupamento que vê apenas espírito e vida no seu lado próprio, e apenas morte e mecânica no outro lado, não significa nada senão uma renúncia ao combate e tem apenas o valor de um lamento romântico. Pois a vida não combate com a morte e o espírito não combate com a carência de espírito. Espírito combate contra espírito, vida contra vida, e da força de um saber íntegro surge a ordem das coisas humanas. *Ab integro nascitur ordo.*

Posfácio à edição de 1932 B96

O tratado sobre o "conceito do político" apareceu primeiro no *Archiv für Sozialwissenschaft und Sozialpolitik*, de Heidelberg, vol. 58, caderno I (pp. 1-33), em Agosto de 1927, depois de eu ter tratado o mesmo tema com as mesmas teses numa conferência apresentada, em Maio de 1927, na Escola Superior Alemã de Política em Berlim. O discurso sobre "A Era das Neutralizações e das Despolitizações" foi proferido em Outubro de 1929, num colóquio da Liga da Cultura Europeia em Barcelona e publicado na *Europäische Revue*, em Dezembro de 1929. Aquilo que aqui é dito sobre o "conceito do político" deve "enquadrar" teoricamente um problema imenso. Os princípios singulares estão pensados como ponto de partida de uma reflexão objectiva e devem servir discussões e exercícios científicos que se devem permitir captar com o olhar semelhante *res dura*. A presente edição contém, face às mencionadas publicações, uma série de novas formulações, anotações e exemplos, mas nenhuma alteração nem nenhuma prossecução do próprio curso de pensamento. Em relação a isso, gostaria de aguardar que direcções e pontos de vista emergirão decisivamente na nova discussão do problema político que vivamente se desencadeou há cerca de um ano.

Berlim, Outubro de 1931

CARL SCHMITT

Corolário 1

B97

Visão geral sobre os diferentes significados e funções do conceito de neutralidade intra-política do Estado (1931)

Em vista da equivocidade do termo "neutralidade", e da confusão que ameaça tornar inutilizável ou inaplicável um conceito indispensável, é adequada uma clarificação terminológica e objectual. Deve-se aqui, por isso, ensaiar uma exposição resumida na qual os diferentes significados, funções e direcções polémicas deste termo sejam agrupados com alguma sistematicidade.

I. **Significados negativos, isto é, significados do termo "neutralidade" que se afastam da decisão política**

1. *Neutralidade no sentido da não-intervenção, do não ter interesse, do laisser passer, da tolerância passiva, etc.*

É com este significado que a neutralidade intra-política do Estado primeiro surge na consciência histórica, e isso como *neutralidade do Estado face às religiões e confissões*. Assim diz Frederico o Grande no seu testamento político: *je suis neutre entre Rome et Genève* – aliás, uma velha fórmula do século XVII, que já se encontra num retrato de Hugo Grotius e para o qual é do maior significado o processo de neutralização que se desencadeia neste século. Como consequência última, este princípio tem de conduzir para uma neutralidade geral face a todas as concepções e problemas

162 | CARL SCHMITT

que possam ser pensados e para uma absoluta igualdade de tratamento, no que, por exemplo, aquele que pensa religiosamente já não pode ser mais protegido do que o ateu, aquele que sente nacionalmente já não pode ser mais protegido do que o inimigo e o que despreza a nação. Daí segue-se, além disso, a absoluta liberdade de qualquer espécie de propaganda, tanto da religiosa como da anti-religiosa, da nacional como da anti-nacional; "consideração" absoluta por aquele que pura e simplesmente "pensa de modo diferente", mesmo quando escarnece de costumes e moral, mina a forma do Estado e provoca agitação ao serviço de um Estado estrangeiro. Este tipo de "Estado neutral" é o stato neutrale e agnostico *relativista que já não estabelece diferenciações,* o Estado despojado de conteúdo ou limitado a um *minimum* de conteúdo. A sua constituição é *neutral, sobretudo também diante da economia,* no sentido de se não imiscuir (liberdade económica e de contratos), com a "ficção do Estado livre da economia e da economia livre do Estado" (F. Lenz). Este Estado pode, em todo o caso, tornar-se ainda político, pois, pelo menos ao nível do pensamento, conhece ainda um inimigo, designadamente aquele que não acredita nesta espécie de neutralidade espiritual.

B98

2. *Neutralidade no sentido de concepções instrumentais do Estado, para as quais o Estado é um meio técnico que deve funcionar com uma calculabilidade objectiva e que deve dar a cada um as mesmas chances de utilização*

Na maior parte das vezes, as representações instrumentais do Estado encontram-se subjacentes às seguintes expressões: o *aparelho* estatal de justiça e de administração, a "*máquina* governativa", o Estado como *empresa* burocrática, a máquina legislativa, a alavanca da legislação, etc.. A neutralidade do Estado enquanto instrumento técnico pode ser pensada para o âmbito do executivo, e talvez se possa representar que o aparelho de justiça ou o aparelho de administração funciona de modo igual e que, com a mesma objectividade e tecnicidade, está às ordens de cada utilizador que dela se serve de acordo com as normas, como o telefone, o telégrafo, o correio e semelhantes instituições técnicas que, sem considerar o conteúdo da participação, estão ao serviço de cada um que se atenha às normas do seu funcionar. Um tal Estado seria

O CONCEITO DO POLÍTICO | 163

completamente despolitizado e já não poderia, a partir de si, diferenciar amigo e inimigo.

3. *Neutralidade no sentido de chances iguais na formação da vontade estatal*

Aqui o termo adquire um significado que está subjacente a certas interpretações liberais do igual direito universal de escolher e votar, tal como está subjacente à igualdade geral perante a lei, na medida em que esta igualdade perante a lei não recai já (enquanto igualdade perante a aplicação da lei) sob do anterior número 2. Cada um tem a chance de conquistar a maioria; quando pertencer à minoria que foi votada, ser-lhe-á indicado que ele tinha e ainda terá a chance de se tornar maioria. Também isso é uma representação de justiça liberal. Tais representações de uma neutralidade das mesmas chances na formação da vontade estatal estão também subjacentes, muitas vezes, é certo, de modo pouco consciente, à concepção dominante do art. 76º da Constituição do Reich(*). Segundo ela, o art. 76º não apenas contém uma determinação sobre as alterações na Constituição (como se deveria

---

(*) O art. 76º da Constituição de Weimar definia as condições para a alteração da Constituição, determinando a necessidade de a alteração ser votada ou por dois terços de pelo menos dois terços dos deputados presentes no parlamento (*Reichstag*), ou por dois terços dos representantes dos Estados no Conselho do Reich (*Reichsrat*), ou por uma maioria simples no seguimento de um referendo ou de uma iniciativa popular, e impedindo o Presidente de promulgar uma alteração constitucional decidida pelo Parlamento no caso de o Conselho do Reich ser contra e requerer um referendo no prazo de duas semanas. Na *Doutrina da Constituição*, Schmitt defende que a Constituição não seria redutível a uma totalidade normativa, mas teria na sua base a decisão existencial de um povo pela sua forma política que não poderia ser alterada através dos procedimentos normativos previstos pelo art. 76º: "Baseia-se apenas nesta decisão existencial total do povo alemão que a Constituição de Weimar seja em geral uma constituição, e não uma soma de determinações singulares desunidas que os partidos da coligação governamental de Weimar entenderam lançar no texto com base nuns quaisquer "compromissos", modificáveis segundo o art. 76º da Constituição do Reich." (*Verfassungslehre*. Berlim: Duncker & Humblot, 1993, p. 73) (*N. T.*).

assumir segundo a literalidade), mas fundamenta uma omnipotência também absoluta, despojada de limites e fronteiras, e um poder legislador. Assim, por exemplo, G. Anschütz, no seu comentário ao art. 76.º (10.ª ed., pp. 349-350); Fr. Giese, *Kommentar*, 8.ª ed., 1931, p. 190; e Thoma, *Handbuch des deutschen Staatsrecht*, II, p. 154, o qual vai ao ponto de estabelecer a opinião divergente de C. Bilfinger e minha como algo relativo a um "desejo jurídico", um comentário que expressa uma espécie de insinuação banal que, em geral, não é comum. A concepção dominante do art. 76.º retira à Constituição de Weimar a sua substância política e o seu "solo" e converte-a num *procedimento de alteração neutral, indiferente em relação a qualquer conteúdo*, o qual é, nomeadamente, *também neutral em relação à respectiva forma de Estado existente*. A todos os partidos têm então de ser dadas, de um modo justo, chances incondicionalmente iguais de conseguirem as maiorias que são necessárias para introduzirem, com a ajuda do procedimento válido para as alterações constitucionais, a sua meta desejada – a República Soviética, o Reich nacional-socialista, o Estado sindical democrático-económico, o Estado corporativo de estamentos profissionais, a Monarquia de estilo antigo, uma Aristocracia de qualquer espécie – e uma outra Constituição. Qualquer preferência da forma de Estado existente ou mesmo dos respectivos partidos do governo, seja através de subvenções para propaganda, de diferenciações na utilização dos emissores de rádio, de folhas oficiais, do manuseio da censura aos filmes, do estorvo da actividade político-partidária ou da filiação partidária de funcionários, no sentido de o respectivo partido do governo consentir aos funcionários apenas a filiação partidária no próprio partido, ou em partidos não muito afastados dele em termos político-partidários, através da proibição de reunião contra os partidos extremistas, da diferenciação entre partidos legais e revolucionários segundo o seu programa, tudo isto são, no sentido da concepção dominante do art. 76.º pensada até às últimas consequências, inconstitucionalidades grosseiras e provocadoras. Na discussão da questão sobre se a lei para a protecção da República, de 25 de Março de 1930 (RGBl. I, p. 91), era ou não inconstitucional não se repara, na maior parte das vezes, na conexão sistemática desta questão com o art. 76.º.

O CONCEITO DO POLÍTICO | 165

4. *Neutralidade no sentido da paridade, isto é, igual admissão de todos os grupos e orientações que se possam considerar em iguais condições e com igual consideração na distribuição de vantagens ou demais desempenhos estatais*

Esta paridade tem significado histórico e prático para as sociedades religiosas e mundividenciais, num Estado que não se separou rigorosamente de todas as questões religiosas e mundividenciais, mas permanece ligado a uma maioria de grupos religiosos e semelhantes existentes, seja através de obrigações de direito patrimonial de qualquer espécie, seja através do trabalho conjunto no âmbito da escola, do bem-estar público, etc.. Nesta paridade levanta-se uma questão que, dependendo da situação da coisa, pode ser muito difícil e digna de pensamento, nomeadamente *que* grupos são considerados para a paridade em geral. Pergunta-se assim, por exemplo, quando se concebe a neutralidade político-partidária da rádio no sentido da paridade, que partidos políticos têm de ser admitidos paritariamente, pois não se pode admitir automática e mecanicamente qualquer partido que se apresente. Levanta-se uma questão semelhante quando se concebe e se requer a liberdade da ciência (art. 142º da Constituição do Reich) como paridade de todas as orientações científicas, de tal modo que todas estas orientações, de modo igual, devem ser consideradas, de uma maneira justa e equitativa, na ocupação das cátedras. Max Weber exigia que, se alguma vez fossem admitidas valorações nas escolas superiores em geral, também *todas* as valorações teriam de ser admitidas, o que pode ser fundamentado teoricamente tanto **B100** com a lógica do Estado relativista-agnóstico, quanto com a exigência liberal da mesma chance, mas na prática, (para nomeações) no Estado de partidos pluralista, conduz à paridade dos partidos que de cada vez dominam o Estado. A neutralidade no sentido da paridade, no entanto, só é passível de ser levada a cabo na prática em relação a um número relativamente pequeno de grupos autorizados e só numa repartição relativamente incontroversa de poder e de influência dos participantes que estejam autorizados à paridade. Um número demasiado grande de grupos que reclamem um tratamento paritário, ou mesmo uma insegurança demasiado grande na avaliação do seu poder e do seu significado, isto é, uma insegurança no cálculo da quota em relação à qual eles têm reivindicações, impede tanto a execução do princípio

166 CARL SCHMITT

da paridade como também a evidência do princípio que lhe está subjacente.

O segundo pensamento contra uma paridade levada a cabo de forma consequente encontra-se em que ela, de modo necessário, ou conduz para um equilíbrio despojado de decisão (é o que se passa frequentemente com a paridade entre empregadores e empregados) ou, em grupos fortes e determinados inequivocamente, a uma *itio in partes*, tal como a entre católicos e protestantes, desde o século XVI, no velho Império Alemão. Cada partido põe então para si em segurança a parte de substância estatal que lhe interessa e, no caminho do compromisso, está de acordo em que o outro partido faça o mesmo com uma outra parte. Ambos os métodos – igualdade aritmética ou *itio in partes* – não têm o sentido de uma decisão política, mas afastam-se da decisão.

II. Significados positivos, isto é, significados do termo "neutralidade" que conduzem a uma decisão

1. *Neutralidade no sentido da objectividade e objectualidade com base numa norma reconhecida*

É a neutralidade do juiz enquanto decide com base numa lei reconhecida, determinável quanto ao conteúdo. O vínculo à lei (que contém vínculos de conteúdo) possibilita primeiro a objectividade e, com isso, esta espécie de neutralidade, do mesmo modo que também a relativa autonomia do juiz em relação à restante vontade estatal (isto é, manifestada de modo diferente do que de uma regulamentação por lei); esta neutralidade conduz certamente a uma decisão, mas não à decisão política.

2. *Neutralidade com base numa abordagem objectual não egoísta-interessada*

É a neutralidade do perito e do conselheiro especializado, do adjunto especializado, enquanto não for representante de interesses e exponente do sistema pluralista; é nesta neutralidade que se baseia também a autoridade do mediador e do árbitro, na medida em que não recai no número 3.

O CONCEITO DO POLÍTICO 167

3. *Neutralidade como expressão de uma unidade e totalidade que abranja* **B101**
os agrupamentos contrapostos e que, por isso, relativize em si todas estas
contraposições

É a neutralidade da decisão estatal de contraposições inter-estatais, diante da dilaceração e repartição do Estado em partidos e interesses particulares, quando a decisão faz valer o interesse do todo estatal.

4. *Neutralidade no estranho que permanece de fora, que enquanto terceiro,*
em caso de necessidade, produz a partir do exterior uma decisão e, com
isso, uma unidade

É a objectividade do senhor protector em relação ao Estado que está sob protectorado e as suas contraposições de política interna, do conquistador em relação aos diferentes grupos de uma colónia, dos ingleses em relação a hindus e maometanos na Índia, de Pilatos (*quid est veritas?*) em relação às controvérsias religiosas dos judeus.

Corolário 2 B102

Sobre a relação dos conceitos guerra e inimigo (1938)

1. *Inimigo é hoje o conceito primário em relação à guerra.* Isso não é válido, aliás, para as guerras de torneios, para as guerras de gabinete e de duelo, ou para semelhantes tipos de guerra apenas "agonais". Os combates agonais evocam mais a representação de uma acção do que de um estado. Se se empregar a velha diferenciação, aparentemente indispensável, entre "guerra como acção" e "guerra como estado (*status*)", na guerra como acção, nas batalhas e operações militares, ou seja, na própria acção, nas "hostilidades", nas *hostilités*, está já dado de forma tão imediatamente presente e visível um inimigo enquanto opositor (enquanto oponente) que ele não precisa de ainda ser pressuposto. Passa-se de forma diferente na guerra como estado (*status*). Aqui está presente um inimigo mesmo se as hostilidades e acções de combate imediatas e incisivas tiverem terminado. *Bellum manet, pugna cessat.* Aqui a inimizade é manifestamente *pressuposto* do estado de guerra. Na representação de "guerra" no seu conjunto pode preponderar uma ou a outra, a guerra como acção ou a guerra como estado. No entanto, nenhuma guerra pode emergir sem mais na mera acção imediata, tanto quanto ela também não pode ser duradouramente apenas "estado" sem acções.

A chamada guerra total tem de ser total tanto como acção como também como estado, se deve ser realmente total. Ela tem, por isso, o seu sentido numa inimizade pressuposta que a precede conceptualmente. Daí também que ela só possa ser compreendida e definida a partir da inimizade. A guerra, neste sentido total, é tudo aquilo que brota (em acções e estados) da inimizade. Não seria sem sentido que a inimizade só surgisse a partir da guerra ou só surgisse a partir da totalidade da guerra, ou mesmo que se reduzisse a um mero fenómeno derivado da totalidade da guerra. Diz-se, com uma expressão frequentemente repetida, que os povos europeus, no Verão de 1914, "caíram na guerra". Na realidade, eles escorregaram paulatinamente para a totalidade da guerra, e de tal modo que a guerra continental, a guerra militar entre combatentes, e a guerra económica inglesa, a guerra marítima extra-militar, a guerra dos bloqueios, se estimulam mutuamente (no caminho de represálias) e se incrementam até à totalidade. Aqui, portanto, a totalidade da guerra não surgiu de uma inimizade total precedente, mas antes a totalidade da inimizade cresceu a partir de uma guerra que se tornou paulatinamente total. A finalização de uma tal guerra, de um modo necessário, não era um "tratado" e uma "paz", nem um "tratado de paz" no sentido do direito das gentes, mas um juízo de condenação dos vencedores sobre o vencido. Este é cunhado tanto mais posteriormente como inimigo quanto mais for o vencido.

2. No sistema de pactos da política de Genebra do pós-guerra, o *atacante* é determinado como *inimigo*. Atacante e ataque são circunscritos de acordo com o estado de coisas: quem declarar a guerra, quem violar uma fronteira, quem não observar um determinado procedimento e determinados termos, etc., é atacante e violador da paz. A formação conceptual própria do direito das gentes torna-se aqui visivelmente do tipo do direito criminal e penal. O atacante torna-se, no direito das gentes, aquilo que, no direito penal hodierno, é o delinquente, o "perpetrador", o qual também não teria de querer dizer verdadeiramente um "perpetrador", mas um "malfeitor", pois o seu suposto feito, na verdade, é uma malfeitoria([XXVIII]). Os juristas

---

([XXVIII]) A tentativa de encontrar "tipos de perpetradores" criminosos conduziria ao paradoxo de "tipos de malfeitores".

O CONCEITO DO POLÍTICO | 171

da política de Genebra do pós-guerra tinham esta criminalização e esta qualificação como uma malfeitoria de ataque e
atacante como um progresso jurídico do direito das gentes.
No entanto, o sentido mais profundo de todos estes esforços
em torno da definição do "atacante", e a precisão do estado de
coisas do "ataque", encontra-se em construir um *inimigo* e, através disso, em fornecer um sentido a uma guerra que de outro
modo seria sem sentido. Quanto mais automática e mecânica a
guerra se tornar, tanto mais automáticas e mecânicas se tornam
tais definições. Na era da genuína guerra de combatentes não
se precisava de nenhuma vergonha nem de nenhuma estupidez política, mas podia ser uma questão de honra declarar a
guerra, quando com razão se sentia ameaçado ou prejudicado **B104**
(exemplo: a declaração de guerra do Imperador Francisco José
à França e à Itália, em 1859). Agora, no direito das gentes de
Genebra do pós-guerra, isso deve tornar-se um estado de coisas
criminoso, pois deve ser feito do inimigo um criminoso.

3. *Amigo* e *inimigo* têm nas diferentes línguas e grupos linguísticos uma diferente estrutura linguística e lógica. Segundo
o sentido linguístico alemão (tal como em muitas outras línguas), "amigo" é originariamente apenas o companheiro de
etnia. Amigo é, portanto, originariamente apenas o amigo de
sangue, o parente de sangue, ou aquele que "é feito parente"
através do casamento, da irmandade jurada, da assunção como
filho ou de instituições correspondentes. Provavelmente, foi só
através do pietismo e de movimentos semelhantes que se encon-
travam no caminho para a "amizade de Deus" e a "amizade da
alma" que entrou a privatização e a psicologização do conceito
de inimigo, que é típica do século XIX, mas também hoje ainda
está espalhada. A amizade tornou-se, através disso, uma questão
de sentimentos privados de simpatia, e finalmente até com uma
coloração erótica numa atmosfera ao estilo de Maupassant.
  A palavra alemã "inimigo" determina-se etimologicamente
de modo menos claro. A sua autêntica raiz, como se diz no dicio-
nário de Grimm, "ainda se encontra por clarificar". Segundo os
dicionários de Paul, Heyne e Weigand, ela deve significar (em

conexão com *fijan*-odiar) "aquele que se odeia". Não me quero intrometer numa luta com investigadores linguísticos, mas gostaria simplesmente de ficar por o inimigo, no seu sentido linguístico originário, significar aquele contra o qual se leva a cabo uma *faida*. Faida e inimizade(*) pertencem-se mutuamente desde o início. Faida designa, como diz Karl von Amira (*Grundriß des Germanischen Rechts*, 3.ª edição, 1913, p. 238), "à partida, apenas o estado daquele que está exposto a uma inimizade de morte". Com o desenvolvimento dos diferentes tipos e formas de faida transforma-se também o inimigo, isto é, o opositor na faida. A diferenciação medieval da faida entre não cavaleiros em relação à faida entre cavaleiros (cf. Claudius Freiherr von Schwerin, *Grundzüge der Deutschen Rechtsgeschichte*, 1934, p. 195) mostra isso com a maior clareza. A faida entre cavaleiros conduz para formas fixas e, com isso, também a uma concepção agonal do opositor na faida.

Em outras línguas, o inimigo é determinado linguisticamente apenas de forma negativa como *não-amigo*. Assim, nas línguas românicas, desde que o conceito de *hostis* se turvou na paz universal da Pax Romana dentro do Imperium Romanum, ou se tornou numa questão intra-política: *amicus-inimicus*; *ami-ennemi*; *amico-nemico*, etc. Nas línguas eslavas, o inimigo é igualmente o não-amigo: *prijateli-neprijateli*, etc(XXIX). No inglês, a palavra *enemy* deslocou inteiramente a palavra germânica *foe* (que originariamente significava apenas o opositor no combate mortal, mas depois qualquer inimigo).

4. Onde guerra e inimizade forem acontecimentos ou fenómenos determináveis com segurança e simplesmente verificáveis, tudo aquilo que não é guerra pode querer dizer *eo ipso* paz, e aquilo que não é inimigo pode querer dizer *eo ipso* amigo.

(*) Não é possível verter em português a associação a que Schmitt se refere, no alemão, entre faida (*Fehde*) e inimizade (*Feindschaft*) (*N. T.*).

(XXIX) Mais tarde (em Julho de 1939), o meu colega da Universidade de Berlim, especialista na Índia, Prof. Breloer, partilhou comigo exemplos vindos do indu, particularmente a característica expressão "*a – mithra*" (não-amigo para inimigo).

O CONCEITO DO POLÍTICO | 173

Ao invés, onde paz e amizade forem óbvia e normalmente aquilo que é dado, tudo aquilo que não é paz pode tornar-se guerra, e tudo aquilo que não é amizade pode tornar-se inimizade. No primeiro caso, é a paz determinada negativamente a partir daquilo que determinadamente está dado, e no segundo caso é a guerra. No primeiro caso, pela mesma razão, o amigo é o não-inimigo, e no segundo caso o inimigo é o não-amigo. Foi do amigo como mero não-inimigo que saiu, por exemplo, a concepção do direito penal de "acções inimigas contra Estados amigos" (cf. Quarta Secção da Segunda Parte do Código Penal Imperial Alemão, §§ 102-104): amigo é, portanto, qualquer Estado com o qual o Estado próprio não se encontre em guerra. O Estado checoslovaco sob o Presidente Benesch teria sido, portanto, em Maio e Setembro de 1938, um Estado amigo do Reich Alemão!

Este questionamento (que conceito está dado de um modo tão determinado que através dele o outro conceito possa ser determinado negativamente?) é já necessário pela razão de que todas as interpretações do direito das gentes que tiveram lugar até agora sobre se uma acção é ou não é guerra saem de a disjunção entre guerra e paz ser completa e exclusiva, isto é, saem de uma das duas (ou guerra ou paz) ter de ser assumida se a outra não estiver presente. *Inter pacem et bellum nihil est medium* (XXX). Por ocasião do avanço do Japão contra a China, em 1931-32, por exemplo, para a delimitação das represálias militares de guerra (que ainda não apresentam uma guerra), trabalhou-se constantemente com esta mecânica conceptual. No entanto, este *nihil medium* é precisamente a questão da situação. De uma forma correcta, a questão do direito das gentes tem de ser colocada deste modo: serão ou não as medidas militares de violência, em particular as represálias militares, compatibilizáveis com a paz, e, se o não são, serão por essa razão guerra? Isso seria um questionamento que resulta da paz como ordem concreta. O melhor ponto de partida para ele encontro-o em

B106

(XXX) Cícero na 8.ª Philippika: citado por Hugo Grotius, *de jure belli ac pacis*, Livro III, Cap. 21 § 1.

174 CARL SCHMITT

Arrigo Cavaglieri, num ensaio do ano de 1915([XXXI]). Aí, ele diz, objectivamente, que as medidas militares de violência não são compatibilizáveis com o estado de paz, ou seja, são guerra. O interessante, na condução do seu pensamento, é a concepção da paz como ordem concreta e fechada, e como conceito mais forte e, portanto, paradigmático. A maioria das demais interpretações são menos claras no questionamento e movimentam-se no tralalá vazio de uma alternativa conceptual aparentemente positivista.

Agora, se se assumir a guerra porque não há paz, ou a paz porque não há guerra, em ambos os casos ter-se-ia de perguntar de antemão se realmente não há um terceiro, uma possibilidade intermédia, um *nihil medium*. Tal seria, naturalmente, uma anormalidade, mas há também precisamente situações anormais. De facto, existe hoje uma tal situação intermédia anormal entre guerra e paz, na qual as duas estão misturadas. Ela tem B107 três causas: primeiro, os ditados de paz de Paris; segundo, o sistema de prevenção da guerra do tempo do pós-guerra com o Pacto Kellogg e a Sociedade das Nações([XXXII]); e terceiro, a extensão da representação da guerra também a declarações de inimizade não-militares (económicas, propagandísticas, etc.). Aqueles ditados de paz queriam realmente fazer da paz uma "prossecução da guerra com outros meios". Eles estenderam tanto o conceito de inimigo que, através disso, se suprassumiu não apenas a diferenciação entre combatentes e não comba-

---

([XXXI]) *Note critiche su la teoria dei mezzi coercitivi al difuori della Guerra, Rivista di diritto internazionale*. Vol. IX (1915), p. 23 ss, 305 ss. Mais tarde, Cavaglieri alterou a sua opinião sob a influência da prática: *Corso di diritto internazionale*. 3ª edição, 1934, p. 555. *Recueil de l'Académie Internationale de Droit International* (1919 I), p. 576 ss. Aquilo que unicamente é decisivo para o nosso contexto é o seu questionamento, o qual resulta de um conceito forte de paz.

([XXXII]) "O efeito do Pacto da Sociedade das Nações e do Pacto Kellogg parece querer tornar-se o efeito de que no futuro não sejam levadas a cabo mais nenhumas guerras, mas que tenham lugar acções militares de grande estilo enquanto "meras inimizades", o que não é um progresso, mas um retrocesso.", Josef L. Kunz, *Kriegsrecht und Neutralitätsrecht*, 1935, p. 8, nota 37. Excelente: Frhr. von Freytagh-Loringhoven, *Zeitschr. d. Akad. f. . Deutsches Recht*, 1 de Março de 1938, p. 146.

O CONCEITO DO POLÍTICO | 175

tentes, mas até mesmo a diferenciação entre guerra e paz. No entanto, ao mesmo tempo, eles tentavam legalizar através de pactos este estado intermédio, indeterminado e propositadamente deixado em aberto, entre guerra e paz, e falsificá-lo juridicamente como o *status quo* normal e definitivo da paz. A lógica jurídica típica da paz, as suposições jurídicas típicas, das quais o jurista pode e tem de sair numa situação genuinamente pacificada, foram enxertadas a esta situação intermediária anormal. À partida, isso parecia ser vantajoso para as potências vencedoras, pois elas podiam jogar por um tempo *à deux mains* e, independentemente de assumirem a guerra ou a paz, tinham em cada caso a legalidade de Genebra do seu lado, enquanto cravavam nas costas do seu opositor os seus conceitos, como violação do pacto, ataque, sanções, etc.. Num tal estado intermédio entre guerra e paz desaparece o sentido racional que, de outro modo, poderia ter a determinação de um conceito pelo outro, da guerra pela paz ou da paz pela guerra. Não apenas a declaração de guerra se torna perigosa, pois coloca por si mesma aquele que declara a guerra no plano da injustiça, mas cada caracterização delimitadora tanto de acções militares como também de acções não militares como "pacíficas" ou "bélicas" se torna sem sentido, pois as acções não militares podem ser acções de inimizade do modo mais eficaz, mais imediato e mais intensivo, enquanto, pelo contrário, as **B108** acções militares podem decorrer por si sob reivindicações solenes e enérgicas de uma disposição de amizade.

Em termos práticos, a alternativa entre guerra e paz torna-se numa tal situação intermédia ainda mais importante, pois agora tudo se torna suposição jurídica e ficção, quer se assuma agora que tudo aquilo que não é paz é guerra, quer se assuma que, pelo contrário, tudo o que não seja guerra é por si mesmo, por causa disso, paz. Isso é a conhecida "faca de dois gumes". Cada um pode argumentar de ambos os lados e agarrar a faca de um ou de outro lado. Todas as tentativas de fornecer uma definição de guerra têm aqui, na melhor das hipóteses, de terminar num decisionismo totalmente subjectivista e voluntarista: a guerra está então presente quando um partido que se torna

176 | CARL SCHMITT

activo *quiser* a guerra. "Como única marca de diferenciação fiável (diz-se numa monografia aparecida há pouco tempo e que deve ser reconhecida como competente acerca do conceito de guerra no direito das gentes) permanece, assim, apenas a vontade dos partidos que estão em luta. Se ela estiver orientada para desenvolver as medidas de violência como medidas bélicas, então domina a guerra; em caso contrário, a paz(XXXIII). *Este "em caso contrário, a paz" não é, infelizmente, verdadeiro*. Nisso, a vontade de um único Estado deve bastar para o preenchimento do conceito de guerra, independentemente do lado em que estiver(XXXIV). Um tal decisionismo corresponde, de facto, à situação. Ele exprime-se, por exemplo, de um modo correspondente, em que o carácter político de uma controvérsia no domínio do direito das gentes, de um modo puramente decisionista, é determinado pela vontade de cada um dos contendores, ou seja, em que também a vontade se torna o "critério imediato do político"(XXXV).

Mas que significa isto para a nossa questão acerca da relação entre guerra e paz? Mostra-se que a inimizade, o *animus hostilis*, se tornou no conceito primário. Isto tem, no presente estado intermédio entre guerra e paz, uma alcance completamente diferente do que as anteriores "teorias subjectivas" ou "teorias da vontade" do conceito de guerra. Em todos os tempos houve "meias" guerras, guerras "parciais" e "incompletas", "limitadas" e "camufladas", e a expressão usada pelo relatório Lytton para o avanço dos japoneses, "war disguised", não seria em si, nessa medida, nada de novo. Aquilo que é novo é o estado intermédio entre guerra e paz consolidado juridicamente, institucionalizado pelo Pacto Kellogg e pela Sociedade das Nações, que torna hoje incorrectas todas aquelas verificações negativas – quer concluam pela guerra a partir da não-paz, quer concluam pela paz a partir da não-guerra.

B109

(XXXIII) Georg Kappus. *Der völkerrechtliche Kriegsbegriff in seiner Abgrenzung gegenüber militärischen Repressalien*, Breslau, 1936, p. 57.

(XXXIV) G. Kappus. *Op. cit.*, p. 65.

(XXXV) Onno Oncken. *Die politischen Streitigkeiten im Völkerrecht: ein Beitrag zu den Grenzen der Staatengerichtsbarkeit*. Berlim, 1936.

O CONCEITO DO POLÍTICO | 177

O pacifista Hans Wehberg dizia, em Janeiro de 1932, acerca do conflito na Manchúria: aquilo que não é guerra é, em sentido jurídico no domínio do direito das gentes, paz. Nessa altura, isso significava na prática: o avanço dos japoneses na China não era guerra, eles não tinham, portanto, "avançado para a guerra", no sentido do Pacto de Genebra da Sociedade das Nações, e o pressuposto para as sanções da Sociedade das Nações (tal como foram levadas a cabo contra a Itália em Agosto de 1935) não estava dado. Wehberg alterou mais tarde a sua opinião e sua formulação, mas até hoje não reconheceu a lógica autêntica da relação conceptual de tais determinações negativas. Não se trata de teorias do conceito de guerra em geral nem "subjectivas" nem "objectivas", mas do problema da situação intermédia particular entre guerra e paz. Para o tipo de pacifismo de Genebra é típico que ele faça da paz uma ficção jurídica: paz é tudo aquilo que não é guerra, mas nisso a guerra deve ser apenas a guerra militar de velho estilo com *animus belligerandi*. Uma paz miserável! Para aqueles que podem impor a sua vontade e quebrar a vontade do seu opositor com possibilidades de coerção e intervenção extra-militares, por exemplo, económicas, é um jogo de crianças evitar a guerra militar de velho estilo, e aqueles que avançam com uma acção militar precisam apenas de afirmar com suficiente energia que são destituídos de qualquer vontade de guerra, de qualquer *animus belligerandi*.

5. A chamada *guerra total* suprassume a diferença entre combatentes e não combatentes e conhece, junto com a guerra militar, também uma guerra não militar (guerra económica, guerra de propaganda, etc.) como emanação da inimizade. A suprassunção da diferenciação entre combatentes e não combatentes é aqui, no entanto, uma suprassunção *dialéctica* (em sentido hegeliano). Por conseguinte, ela não significa que aqueles que anteriormente eram não combatentes doravante se transformam simplesmente em combatentes de estilo antigo. Alteram-se antes os *dois* lados, e a guerra é prosseguida num plano inteiramente novo, num plano incrementado, como uma actividade da inimizade que já não é puramente militar. A totalização

B110

178 | CARL SCHMITT

consiste aqui em que também âmbitos de coisas extra-militares (economia, propaganda, energias psíquicas e morais dos não combatentes) são incluídos na confrontação de inimizade. O passo para além daquilo que é puramente militar traz não apenas um alargamento quantitativo, mas também um incremento qualitativo. Daí que ele não signifique uma suavização, mas uma intensificação da inimizade. Com a mera possibilidade de um tal incremento da intensidade, também os conceitos amigo e inimigo se voltam a tornar políticos e se libertam também aí, onde o seu carácter político estava completamente turvado pelas esferas dos modos de falar privados e psicológicos ([XXXVI]).

6. O conceito de *neutralidade*, no sentido do direito das gentes, é uma função do conceito de guerra. Daí que a neutralidade se transforme com a guerra. Vista na prática, ela pode hoje ser diferenciada em quatro significados diferente, aos quais estão subjacentes quatro diferentes situações:

a) Equilíbrio do poder entre neutrais e beligerantes: aqui, a neutralidade "clássica", a neutralidade que consiste num "apartidarismo" e num comportamento paritário, tem sentido, é possível e até provável; o neutral permanece amigo – *amicus* – de cada um dos beligerantes: amitié *impartiale*;

b) Supremacia inequívoca do poder dos beligerantes sobre os neutrais: aqui, a neutralidade torna-se num compromisso tácito entre os beligerantes, uma espécie de terra de ninguém ou de exclusão do âmbito da guerra, tacitamente acordada, segundo a estipulação do equilíbrio de poder dos beligerantes (Guerra Mundial em 1917-18);

c) Supremacia inequívoca do poder dos neutrais sobre os beligerantes: aqui, os neutrais fortes podem proporcionar aos beligerantes fracos um espaço de manobra para a condução da guerra. No caso mais puro, tal seria o

B111

([XXXVI]) Quando o dentista em tratamento lhe dizia: "Você não é um herói", respondeu-lhe W. Gueydan de Roussel: "Você também não é meu inimigo".

O CONCEITO DO POLÍTICO | 179

conceito de *dog fight*, introduzido por Sir John Fischer Williams na doutrina do direito das gentes([XXXVII]).

d) Completa ausência de relação (por grande afastamento ou por um poder suficientemente autárquico, isolável): aqui, mostra-se que neutralidade não é isolamento, e que isolamento (isto é, a separação completa e a ausência de relação) é algo diferente da neutralidade; aquele que se isola não quer ser nem inimigo nem amigo de um dos beligerantes.

No estado intermédio entre guerra e paz acima tratado (em 4), a decisão objectiva sobre se está dado o *caso* da neutralidade, com todos os direitos e os deveres da neutralidade, depende de se a guerra é aquilo que não é paz ou o contrário. Quando esta decisão é encontrada por cada um por si, de um modo puramente decisionista, não se pode discernir porque apenas o beligerante e não também o neutral deve decidir de um modo puramente decisionista. O *conteúdo* dos deveres de neutralidade alarga-se com o alargamento do conteúdo da guerra. Mas onde já não se puder diferenciar aquilo que é guerra e aquilo que é paz, aí ainda mais difícil se tornará dizer aquilo que é neutralidade.

([XXXVII]) Cf. no ensaio "Das neue Vae Neutris!", publicado em *Positionen und Begriffe*, p. 251.

Corolário 3 B112

Visão de conjunto sobre as possibilidades e os elementos do direito das gentes que não se referem ao Estado

O direito das gentes inter-estatal do *jus publicum europaeum* é apenas uma das muitas possibilidades na história do direito do direito das gentes. Ele também contém, na realidade que lhe é própria, fortes elementos *não*-estatais. Portanto, inter-estatal não quer dizer de modo nenhum o isolamento de cada sujeito do direito das gentes em relação a esta espécie de ordem. Pelo contrário. O próprio carácter inter-estatal só pode ser compreendido a partir de uma ordem espacial abrangente, que seja portadora dos próprios Estados.

Desde 1900 que se tinha tornado comum diferenciar, num dualismo estrito, o *interior* e o *exterior*. Com isso, perturbou-se o sentido para a realidade do direito das gentes inter-estatal. Em particular, não se reparou com suficiente atenção em que o Estado do direito das gentes europeu, na sua configuração clássica, é, por seu lado, portador de um dualismo *em si mesmo*, designadamente o dualismo do direito *público* e do direito *privado*. Os dois diferentes dualismos não podem ser isolados(XXXVIII). Infelizmente, este isolamento tornou-se quase óbvio no ofício supe-

---

(XXXVIII) Cf. Carl Schmitt, Über die zwei großen Dualismen des heutigen Rechtssystems. Wie verhält sich die Unterscheidung von Völkerrecht und staatlichem Recht zu der innerstaatlichen Unterscheidung von öffentlichem und private Recht?, in *Festausgabe für Georgios Streit*, Atenas, 1940 (*Positionen und Begriffe*, p. 261).

182   CARL SCHMITT

respecializado da ciência jurídica hodierna. Acresce ainda que a *common law* inglesa recusa o dualismo entre público e privado, tal como também recusa o conceito de Estado do Estado continental europeu. No entanto, permanece assente aquilo que o mestre da nossa ciência, Maurice Hauriou, expos de uma vez por todas nos seus *Principes de Droit public* (2.ª edição, 1916, pp. 303 ss.): que cada regime estatal, no sentido específico e histórico da palavra *Estado*, baseia-se numa separação entre centralização pública e economia privada, ou seja, entre Estado e sociedade.

B113   A separação dualista entre direito das gentes e direito do Estado é aqui, como em outros casos, apenas uma questão de fachada. Em pano de fundo e, em geral, no fundo, um padrão constitucional comum ultrapassa, durante todo o século xix até à Grande Guerra de 1914-18, o abismo da oposição aparentemente tão estrita entre o interior e o exterior e faz aparecer todo este *dualismo* como uma questão de segundo plano que apenas tem um interesse em termos jurídicos formais. Onde o padrão constitucional comum do constitucionalismo europeu faltar, também o instituto jurídico da *occupatio bellica* não se pode tornar prático. Quando a Rússia ocupou território otomano, em 1877, foram logo eliminadas no território ocupado as antigas instituições islâmicas, e precisamente H. Martens, que tinha sido na Conferência de Bruxelas de 1874 o paladino do instituto jurídico da *occupatio bellica*, justificou a imediata introdução de uma ordem social e jurídica nova e moderna ao dizer que seria sem sentido, com o poder armado russo, conservar precisamente aquelas regras e aqueles estados envelhecidos cuja eliminação era um fim principal desta guerra russo-turca([XXXIX]).

Quanto mais estritamente o dualismo estrito entre o interior e o exterior fechou as portas a partir daquilo que é público, tanto mais importante se tornou que no âmbito do privado as portas permanecessem abertas e que permanecesse existente, da parte do âmbito privado, particularmente do económico,

---

([XXXIX])   E. A. Korowin, *Das Völkerrecht der Übergangszeit*, alemão (Berlim, 1930, p. 135), ed. Herbert Kraus.

O CONCEITO DO POLÍTICO | 183

uma permeabilidade que fosse além das suas fronteiras. Disso dependia a ordem espacial do *jus publicum Europaeum*. Da compreensão da realidade do direito das gentes inter-estatal fazem parte, por isso, várias diferenciações que trazem à consciência as possibilidades não-estatais e os elementos também de um direito das gentes que no mais é inter-estatal.

A seguinte visão de conjunto deve indicar algumas formas de manifestação do direito das gentes que se encontram fora dos conceitos que se referem ao Estado e pertencem ao grande âmbito do direito das gentes não-inter-estatal. Infelizmente, o termo *Estado* foi convertido num conceito geral indiferenciado; um mau uso que tem como consequência uma confusão geral. **B114** Em particular, as representações espaciais da época especificamente estatal do direito das gentes, do século XVI ao século XX, foram transferidas para ordenamentos do direito das gentes essencialmente diferentes. Face a isso, é adequado lembrar que o direito das gentes inter-estatal está limitado a formas de manifestação da unidade política e do ordenamento do espaço da Terra que estão vinculadas ao tempo e são históricas, e que nesta mesma época inter-estatal, a par das relações puramente inter-estatais, foram paradigmáticas também sempre outras relações, regras e instituições não-inter-estatais.

I. O direito das gentes, o *jus gentium* no sentido de um *jus inter gentes*, é obviamente dependente da forma de organização destas *gentes* e pode significar:

1. direito inter-*povos* (entre famílias, estirpes, clãs, grandes estirpes, tribos, nações);
2. direito inter-*cidades* (entre *poleis* e *civitates* autónomas; direito inter-municipal);
3. direito inter-*estatal* (entre os ordenamentos territoriais centralizados das formações soberanas);
4. direito que vigora entre autoridades *espirituais* e poderes mundanos (Papa, Califa, Buda, Dalai-Lama nas suas relações com outras formações de poder, em particular enquanto sendo portadoras da guerra santa);

184 CARL SCHMITT

5. direito inter-*imperial*, *jus inter imperia* (entre grandes potências com uma autoridade espacial que vai além do âmbito do Estado), no que se tem de diferenciar do direito das gentes inter-povos, inter-Estados e por aí fora que vigora *dentro* de um Império ou de um Grande Espaço.

II. Ao lado do *jus gentium* no sentido de um *jus inter gentes* (diferente segundo as formas estruturais das *gentes*) pode haver um *direito comum transversal*, que vai para além das fronteiras das *gentes* fechadas em si (povos, Estados, Impérios). Ele pode consistir num padrão constitucional comum ou num mínimo **B115** de organização interna pressuposta, em comuns concepções e instituições religiosas, civilizacionais e económicas. O caso de aplicação mais importante é um direito que vai para além das fronteiras dos Estados e dos povos, um direito universalmente reconhecido dos homens livres à propriedade e a um mínimo de procedimentos (*due process of law*).

Assim, no século XIX, existia no direito das gentes europeu, ao lado do direito autenticamente inter-estatal, diferenciado de forma dualista segundo o interior e o exterior, um *direito económico* comum, um direito privado internacional, cujo padrão constitucional comum (a constituição constitucional) era mais importante do que a soberania política dos ordenamentos territoriais singulares, fechados (política, mas não economicamente) em si. Só quando a soberania política começou a tornar-se autarquia económica faltou, com o pressuposto padrão constitucional comum, também o ordenamento espacial comum.

Lorenz von Stein tem em vista estes dois direitos diferentes (o direito inter-estatal e o direito transversalmente comum) quando diferencia entre *direito das gentes*, enquanto direito inter-estatal, e *direito internacional*, enquanto comum *direito da economia e de estrangeiros*.

Este direito internacional do comércio livre e da economia livre ligava-se, no século XIX, à liberdade dos mares interpretada pelo império mundial inglês. A Inglaterra, que não tinha

O CONCEITO DO POLÍTICO | 185

ela mesma desenvolvido o dualismo continental-estatal entre direito público e privado, podia entrar imediatamente em ligação imediata com o componente privado, livre do Estado, de cada Estado europeu. A ligação de ambas as liberdades – mais fortemente do que a soberania inter-estatal dos Estados com igualdade de direitos – determinou a realidade do direito das gentes europeu no século XIX. A ela pertencem, portanto, as duas grandes liberdades desta época: a liberdade dos mares e a liberdade do comércio mundial.

Indicações

B116

As indicações que se seguem não são mais do que apontamentos e anotações bibliográficas singulares que devem servir à leitura de um texto republicado que remonta a 30 anos atrás. Os números referem--se, se não houver outra indicação, à bibliografia de Piet Tommissen, 2.ª edição, no "*Festschrift zum 70. Geburtstag*" (Duncker & Humblot, 1959), pp. 273-330. Nesta bibliografia, cuja profundidade e fiabilidade é reconhecida, são listadas tanto as diferentes edições do "Conceito do Político", no n.º 19, as traduções em outras línguas, assim como as confrontações e tomadas de posição da forma mais completa possível até ao ano de 1958. Desde 1958, somaram-se a elas várias confrontações e tomadas de posição. Todo este material é tão abrangente que o seu comentário crítico não pode ser ligado com uma mera reimpressão, cujo sentido e fim consiste precisamente em deixar voltar a ter a palavra, pelo menos por um instante, um texto que foi abafado pela enorme quantidade das refutações que lhe foram dedicadas.

Sobre o prefácio

ad B9. Sobre *polis* e *política* em Aristóteles: Joachim Ritter, *Naturrecht bei Aristoteles; zum Problem des Naturrechts*, Estugarda, 1961; na série "Res Publica", n.º 6 (W. Kohlhammer Verlag). Karl-Heinz Ilting, *Hegels Auseinandersetzung mit Aristoteles* (aparecido no anuário da Görres--Gesellschaft, em 1963), indica que Hegel traduz habitualmente a palavra *polis* por *povo*. O Estado como um conceito concreto ligado a uma época histórica: Carl Schmitt, *Verfassungsrechtliche Aufsätze* (1958),

188 | CARL SCHMITT

pp. 375-85, com três notas. Sobre os *politiques* no século XVI: Roman Schnur, *Die französischen Juristen im konfessionellen Bürgerkrieg des 16. Jahrhunderts; ein Beitrag zur Entstehungsgeschichte des modernen Staates*, Berlim, 1962 (Duncker & Humblot Verlag), 1962, cf. Tom. n.º 207.

ad B11. Robert von Mohl ainda compreende por polícia, no seu livro *"Die Polizei-Wissenschaft nach den Grundsätzen des Rechtsstaates"* (1832-33), a velha "boa polícia", sem cuja "influência palpável" o cidadão, como diz Mohl, "não poderia passar tranquilo uma hora da sua vida"; sobre isso Erich Angermann, *Robert von Mohl, Leben und Werk eines altliberalen Staatsgelehrten*, Politica, vol. 8 (Hermann Luchterhand Verlag, Neuwied), 1962, p. 131. Sobre *politic* ou *police power* no direito constitucional americano: Wilhelm Hennis, *Zum Problem der deutschen Staatsanschauung, Vierteljahreshefte für Zeitgeschichte* (Estugarda, Deutsche Verlagsanstalt), 1959, vol. 7, p. 9: "Esta (competência para cuidar do bem-estar público, da vida com dignidade humana) vai para além do nosso poder policial. Ela não designa outra coisa senão a eterna
B117 tarefa da Polis de assegurar as possibilidades de uma vida boa". Sobre a despolitização através da administração, em Cournot: Roman Schnur, *Revista de Estudios Politicos*, vol. 127, pp. 29-47. Junto das duas compartimentações da Polis (política para o exterior, polícia no interior), surge, como terceira, a *politesse* enquanto *"petite politique"* do jogo social, cf. a indicação da p. 54 (Leo Strauss).

ad B12. As teorias de Lenine e de Mao são comentadas, na medida em que são importantes para este contexto, no tratado que apareceu ao mesmo tempo *Teoria do Partisan*. O revolucionário profissional transforma a polícia novamente em política e despreza a *politesse* como simples jogo.

ad B14. Ambos os ensaios de Hans Wehberg no *"Friedenswarte"* em Tom. n.º 397 e 420.

ad B14. Otto Brunner, *Land und Herrschaft, Grundfragen der territorialen Verfassungsgeschichte Südost-Deutschlands im Mittelalter*, 1.ª edição, 1939 (em Rudolf M. Rohrer, Baden e Viena); além disso, o ensaio *"Moderner Verfassungsbegriff und mittelalterliche Verfassungsgeschichte"*, nas

O CONCEITO DO POLÍTICO | 189

Mitteilungen des Österreichischen Instituts für Geschichtsforschung, volume complementar 14, 1939 (resumo). Numerosos exemplos da ligação ao Estado daquele que foi até agora o pensamento da história constitucional em Ernst-Wolfgang Böckenförde, *Die deutsche verfassungsgeschichtliche Forschung im 19. Jahrhundert, zeitgebundene Fragestellungen und Leitbilder, Schriften zur Verfassungsgeschichte*, vol. 1, Berlim (Duncler & Humblot), 1961.

ad B15. *Silete Theologi!* Cf. *Der Nomos der Erde*(*), p. 92, 131 (Albericus Gentilis) sobre a separação dos juristas em relação aos teólogos. Quando eu, nestas ou em outras passagens (*Ex Captivitate Salus*, p. 70), dou testemunho de uma particular compreensão em relação à exclamação de Albericus Gentilis, isso não quer dizer que seria mal agradecido em relação aos teólogos, cuja participação aprofundou e promoveu essencialmente a discussão sobre o conceito do político: do lado evangélico, sobretudo Friedrich Gogarten e Georg Wünsch, do lado católico, P. Franciscus Strathamann O. P., P. Erich Przywara SJ, Werner Schöllgen e Werner Becker. Os teólogos de hoje já não são os do século XVI, e para os juristas vale a mesma coisa.

ad B18. Julien Freund trabalha numa tese sobre o conceito do político; publicou, entre outras, uma "*Note sur la raison dialectique de J. P. Sartre*" (Archives de Philosophie du Droit, n.º 6, 1961, pp. 229-236) e um ensaio "*Die Demokratie und das Politische*" (na revista *Der Staat*, vol. 1, 1962, pp. 261-288).

ad B19. *dog fight.* Ver Corolário 2, B111, abaixo, B124.

Sobre o texto

ad B22. Só aparentemente é um progresso na despolitização quando a referência ao Estado e à estatalidade é deixada de lado,

_____

(*) Edição portuguesa: Carl Schmitt. *O Nomos da Terra*. trad. Alexandre Franco de Sá, Bernardo Ferreira, José Maria Arruda, Pedro Villas-Bôas. Rio de Janeiro, Contraponto, 2014 (*N. T.*).

190   CARL SCHMITT

a pressuposta unidade política simplesmente não é nomeada e, no lugar dela, é colocado um procedimento puramente técnico-jurídico enquanto superação "puramente jurídica" do político; sobre isso, é pertinente: Charles Eisenmann em "*Verfassungsgerichtsbarkeit der Gegenwart*"; Max-Planck-Institut für Ausländisches öffentliches Recht und Völkerrecht, ed. por Hermann Mosler, Colónia-Berlim, 1962, p. 875. Sobre a despolitização através da administração e da tecnocracia, cf. a indicação relativa a B84 ss.

B118   *ad* B23-24. Estado total. Ver *Verfassungsrechtliche Aufsätze* (1958), p. 366, nota 3; além disso, Hans Buchheim, *Totalitäre Herrschaft, Wesen und Merkmale* (Munique, Kösel Verlag), 1962.

ad B26. A passagem do livro de Rudolf Smend citada no texto está agora em *Staatsrechtliche Abhandlungen*, Berlim (Duncker & Humblot), 1955, p. 206; sobre isso, Hans Mayer, Die Krisis der deutschen Staatslehre und die Staatsauffassung Rudolf Smends, Tese de doutoramento em Colónia, 1931; desenvolvimentos subsequentes da doutrina da integração no artigo de Smend no *Handwörterbuch der Sozialwissenchaften*, vol. 5, 1956, p. 266.

ad B26-28. A autonomia do nosso critério tem um sentido prático--didáctico: libertar o caminho para o fenómeno e contornar as muitas categorias e distinções, interpretações e valorações, insinuações e suposições preconcebidas que controlam este caminho, deixando valer apenas o seu próprio visto. Quem combate com um inimigo absoluto – seja ele um inimigo de classe ou de raça ou um inimigo intemporal e eterno – não se interessa de todo pelos nossos esforços em torno do critério do político; pelo contrário, vê neles uma ameaça da sua força de combate imediata, um enfraquecimento através da reflexão, uma hamletização e uma relativização suspeita, tal como Lenine reprovava o "objectivismo" de Struve (sobre isso, na *Teoria do Partisan*, secção "De Clausewitz a Lenine"). Pelo contrário, as neutralizações que tomam tudo como inócuo fazem do inimigo mero parceiro (de um conflito ou de um jogo) e condenam o nosso conhecimento de uma realidade palpável como o ímpeto guerreiro, o maquiavelismo, o maniqueísmo e – inevitavelmente hoje – o niilismo. Nas alternativas

O CONCEITO DO POLÍTICO | 191

bloqueadas das faculdades tradicionais e das suas disciplinas, amigo
e inimigo são ou demonizados ou normatizados, ou deslocados, na
perspectiva de uma filosofia dos valores, para a polaridade entre valor
e não-valor. Nas especializações, que sempre de novo se dispersam,
de uma cientificidade funcionalizada no que respeita à repartição de
trabalho, amigo e inimigo são ou desmascarados psicologicamente
ou – com a ajuda, como G. Joos diz, da "imensa capacidade de adap-
tação do modo de expressão matemático – tornam-se em alternativas
aparentes de parceiros que se devem tornar calculáveis e manipuláveis.
Os leitores atentos do nosso tratado, como Leo Strauss em 1932 (Tom.
n.º 356) e Helmut Kuhn em 1933 (Tom. n.º 361), notaram igualmente
que, para nós, só se poderia tratar de criar um caminho livre para não
permanecer encalhado já antes do começo, e que aqui se tratava de
algo diferente da "autonomia do âmbitos de coisas" ou mesmo dos
"âmbitos de valores".

ad B29-30. Não apenas se trata de que *inimigo,* no Novo Testamento, quer dizer *inimicus* (e não *hostis*), também *amar,* no Novo
Testamento, quer dizer *diligere* (e não *amare*), no texto grego ἀγαπᾶν
(e não φιλεῖν). Sobre a anotação de Helmut Kuhn, que sente como
algo "exagerado" que sejam "atribuídos" a uma e a mesma pessoa amor
privado e ódio público, cf. Werner Schöllgen, *Aktuelle Moralprobleme,*
Düsseldorf (Patmos-Verlag), 1955, pp. 260-63, e a frase de Alvaro
d'Ors: *hate is no term of law.* Também no *Tratado Teológico-Político* de
Espinosa, cap. XVI, se poderia ler: *hostem enim imperii non odium sed
jus* facit.

ad B32. Guerra civil e *stasis*: a conclusão de Maurice Duverger,
Les Partis Politiques, Paris (Armand Colin), 1951, p. 461: "Le dévelo-
ppement de la science des partis politiques ne pourrait-on l'appeler **B119**
stasiologie?". No entanto, ele acrescenta que a democracia não está
hoje ameaçada pela existência de partidos enquanto tais, mas apenas
pela natureza militar, religiosa e totalitária de alguns partidos. Isso
teria de o conduzir para uma investigação das diferentes espécies da
diferenciação amigo-inimigo. p. 33, nota 9: Über den Imperialismus
als die Lösung der sozialen Frage der Aufsatz *Nehmen! Teilen! Weiden!*,
em *Verfassungsrechtliche Aufsätzen* (1958), p. 495, com 5 notas./ Sobre

192 | CARL SCHMITT

Clausewitz: o prosseguimento na *Teoria do Partisan*, particularmente a secção "O partisan como ideal prussiano em 1813 e a viragem para a teoria".

ad B37. A conclusão desta secção 3 é decisiva para o conceito de inimigo pressuposto no tratado, em particular a frase:

Tais guerras são, de modo necessário, guerras particularmente intensivas e inumanas, pois elas, *indo para além do político*, têm de degradar simultaneamente o inimigo em categorias morais e outras e de o converter num monstro inumano que tem de ser não apenas repelido, mas definitivamente aniquilado, ou seja, que já não é apenas um inimigo que deve ser rechaçado para as suas fronteiras.

Com isso, disse-se claramente que o conceito de inimigo que aqui está subjacente tem o seu sentido não na aniquilação do inimigo, mas na defesa, na medição de forças e na aquisição de uma fronteira comum. No entanto, há também um conceito de inimigo absoluto, que aqui é rejeitado explicitamente como inumano. Ele é absoluto porque – cito agora formulações de um ensaio significativo de G. H. Schwabe, do ano de 1959 – exige "um reconhecimento incondicional como o absoluto e uma simultânea submissão do indivíduo à sua ordem", consequentemente não apenas erradicação, mas até uma "auto-erradicação do inimigo através da auto-acusação pública". G. H. Schwabe quer dizer que esta auto-aniquilação do indivíduo se encontra "já na essência da civilização superior" (*Zur Kritik der Gegenwartskritik, Mitteilungen der List-Gesellschaft*, 10 de Fevereiro de 1959).

ad B37 ss. (pluralismo): Harold J. Laski (morreu em 1950) passou, precisamente no tempo crítico de 1931-32, do seu individualismo liberal originário para o marxismo; sobre ele, a monografia de Herbert A. Deane, *The Political Ideas of Harold J. Laski*, New York, Columbia University Press, 1955. Na República Federal Alemã, o pluralismo encontrou, depois de 1949, um reconhecimento universal tão vasto que se teria podido designá-lo como a doutrina política dominante, se atrás da fachada da palavra comum "pluralismo" não continuassem a existir as profundas oposições que já tornam toda a obra de Laski

O CONCEITO DO POLÍTICO | 193

tão rica em contradições e que ainda se tornam mais incompatíveis
através de uma grande coligação ideológica (do pluralismo da Igreja
e moral-teológico com o pluralismo liberal-individualista e com um
pluralismo socialista-sindical). O princípio da subsidiariedade pode
aqui servir como pedra de toque, precisamente porque pressupõe
uma unidade última (e não uma multiplicidade última) da sociedade
e porque esta unidade se torna problemática quando a homogeneidade ou a não-homogeneidade concreta dos diferentes portadores da
ajuda social está em questão. Joseph H. Kaiser fornece um tratamento
sistemático distinto de todo o problema, na secção "Diagnoses e Cons-   **B120**
truções Pluralistas" do seu livro *Die Repräsentation organisierter Interessen*
[A Representação dos Interesses Organizados], Berlim (Duncker &
Humblot), 1956, pp. 313 ss. No entanto, o princípio da subsidiariedade ainda não surge aqui como pedra de toque. Ao invés, o ensaio
"Kritische Erwägungen zum Subsidiaritätsprinzip" de Trutz Rendtorff,
na revista *Der Staat*, vol. 1, 1962, pp. 405-430, chega a falar do problema
do pluralismo (pp. 426-28: reinterpretação do princípio de subsidiariedade e do pluralismo).

ad B47.   Na fórmula "tout ce qui est hors le souverain est ennemi"
desvela-se a adequação da construção do Estado de Rousseau à de
Thomas Hobbes. A adequação diz respeito ao Estado enquanto unidade política, o qual só conhece a paz em si mesmo e só reconhece um
inimigo fora de si mesmo. Na conclusão do Cap. 8, Livro IV do *Contrat
Social*, mais tarde suprimida, diz Rousseau acerca da guerra civil: "*ils
deviennent tous ennemis; alternativement persécutés et persécuteurs; chacun
sur tous et tous sur chacun; l'intolérant est l'homme de Hobbes, l'intolérance
est la guerre de l'humanité*". Sobre isso, anota Koselleck, *Kritik und Krise,
ein Beitrag zur Pathogenese der bürgerlichen Welt*(*) (Freiburg/Munique,
Verlag Karl Albert), 1959, p. 22 e 161, nota 48, que esta espantosa
passagem assinala a conexão subterrânea entre a guerra civil religiosa
e a revolução francesa.

ad B51-53.   O texto de 1932 corresponde à situação do direito
das gentes de então; falta sobretudo a clara e explícita diferenciação

---

(*) Trad. port.: Reinhard Koselleck. *Crítica e Crise*. Rio de Janeiro: Contraponto, 2009 (*N. T.*).

194 | CARL SCHMITT

do conceito de guerra clássico (não-discriminante) e do conceito de guerra revolucionário-justo (discriminante), tal como foi desenvolvido pela primeira vez no ensaio *Die Wendung zum diskriminierenden Kriegsbegriff* [*A viragem para o conceito discriminante de guerra*], 1938 (Tom. n.º 40); cf. também o Corolário 2 de 1938 (acima B102) e do desenvolvimento subsequente em *Nomos da Terra* (1950), assim como na secção "Um olhar para a situação do direito das gentes" na *Teoria do Partisan* (1963).

ad B54. "A Unidade do Mundo" ["Die Einheit der Welt"], na revista *Merkur*, Munique, Janeiro, 1952 (Tom. n.º 229); além disso, Hanno Kesting, *Geschichtsphilosophie und Weltbürgerkrieg* [*Filosofia da história e guerra civil mundial*], Heidelberg (Carl Winter Universitätsverlag), 1959, pp. 309 ss.

ad B54. "mundividência, cultura, civilização, economia, moral, direito, arte, entretenimento, etc". Na sua recensão de 1932 (Tom. n.º 356), p. 745, Leo Strauss aponta o dedo à palavra *entretenimento*. Com razão. A palavra é aqui completamente inadequada e corresponde ao estado inacabado da reflexão de então. Hoje eu diria *jogo*, para trazer à expressão, com mais nitidez, o conceito contrário a *seriedade* (que Leo Strauss correctamente reconheceu). Através disso, são esclarecidos também os três conceitos de *político* provenientes da palavra *polis*, os quais foram cunhados e diferenciados pela força ordenadora predominante do Estado europeu de então: política para o exterior, polícia no interior, e *politesse* como jogo cortês e "pequena política"; sobre isso, o meu ensaio *Hamlet oder Hekuba; der Einbruch der Zeit in das Spiel* [*Hamlet ou Hécuba: a irrupção do tempo no jogo*] (1956, Tom. n.º 56), em particular a secção "O Jogo no Jogo" e o "Excurso sobre o carácter bárbaro do drama shakespeariano". Em todas estas apresentações, *jogo* [*Spiel*] dever-se-ia traduzir por *play* e deixaria aberta ainda uma espécie de inimizade entre os "adversários", se bem que convencional.

B121   É diferente a teoria matemática do "jogo", a qual é uma teoria de *games* e é a sua aplicação ao comportamento humano, tal como se expressa no livro de John von Neumann e O. Morgenstern *Theory of Games and Economic Behavior* (Princeton University Press, 1947). Aqui, amizade e inimizade são simplesmente calculadas e ambas desaparecem, como no jogo de xadrez a contraposição entre brancas e pretas já nada

O CONCEITO DO POLÍTICO | 195

tem a ver com amizade ou inimizade. No entanto, na minha palavra
embaraçante "entretenimento" também estão encobertas referências
ao desporto, à configuração do tempo livre e aos novos fenómenos
de uma "sociedade da abundância", os quais, no clima que então era
ainda dominante da filosofia do trabalho alemã, não me tinham chegado à consciência com suficiente clareza.

ad B59-66. (Hobbes) Através de dois trabalhos de Heinz Laufer, a
questão da "natureza" do homem enquanto ser político voltou a ser
levantada: a tese de Würzburg em ciência jurídica e política *Das Krite-
rium politischen Handelns* [*O critério da acção política*] (microcópia J. Ber-
necker Antiquariat, Frankfurt/Main, 1962) e o contributo para o livro
de homenagem a Eric Voegelin (Verlag C. H. Beck, Munique, 1962,
p. 320 a 342) *Homo Homini Homo*. Laufer refere-se a Aristóteles, Platão
e à teologia cristã para adquirir um "tipo normal" de homem, o qual
contrapõe ao "tipo decaído" que aparece em Hobbes. Sobre o grande
tema Hobbes – cf. o relatório de Bernard Willms "Einige Aspekte
der neueren englischen Hobbes-Literatur", na revista *Der Staat*, vol. 1,
1962, pp. 93 ss. – seria de notar de antemão que o emprego de uma fórmula como "por natureza" bom ou mau não significa ainda nenhuma
profissão de fé própria em relação ao conceito de *physis* de Aristóteles
(cf. Karl-Heinz Ilting, *op. cit.*, acima B116) ou em relação ao conceito
de natureza platónico ou teológico-cristão, diferentes dele. No mais,
teremos de nos satisfazer, no quadro destas indicações, com três observações. *Primeiro*: bom ou mau, no sentido de normal ou decaído, está
referido, em Hobbes, à situação: o plano da natureza (ou melhor: o
estado de natureza) é uma situação anormal cuja normalização só
é alcançada no Estado, isto é, na unidade política. O Estado é um
império da razão (esta fórmula deriva de Hobbes e não, em primeira
mão, de Hegel), um *imperium rationis* (*de cive*, 10, § 1) que transforma
a guerra civil numa coexistência pacífica entre cidadãos. O anormal é a "situação decaída", a guerra civil. Na guerra civil, nenhum
homem se pode comportar normalmente, cf. o escrito acima citado de
R. Schnur sobre os juristas na guerra civil confessional do século XVI.
Segundo: quando Hobbes fala da *natureza* no sentido da *physis*, ele
pensa de modo antigo, na medida em que assume a constância das
espécies. Ele pensa de modo pré-evolucionista, pré-darwinista. Tam-

bém não é um filósofo da história, muito menos com referência a esta natureza imutável do homem, o qual não cessará de inventar sempre novas armas e de criar precisamente por causa disso – por causa do seu anseio de segurança – sempre novas ameaças. *Terceiro:* O muito admirado sistema de Thomas Hobbes deixa aberta uma porta para a transcendência. A verdade de que *Jesus é o Cristo*, que Hobbes enunciou tão frequentemente e de modo tão enfático como a sua fé e a sua confissão, é uma verdade da fé pública, da *public reason* e do culto público do qual o cidadão participa. Na boca de Thomas Hobbes, esta não é uma afirmação de protecção meramente táctica, não é uma mentira em função de um fim ou de uma necessidade, para se ficar em segurança diante da perseguição e da censura. É também algo diferente da *morale par provisison* com a qual Descartes permaneceu na fé tradicional. Na edificação transparente do sistema político de *"Matter, Form and Power of a Commonwealth ecclesiastical and civil"*, esta verdade é antes o fecho da abóbada, e a frase *Jesus is the Christ* nomeia pelo nome o Deus presente no culto público. No entanto, a cruel guerra civil das confissões cristãs lança imediatamente a pergunta: quem interpreta e realiza, de um modo juridicamente vinculativo, esta verdade que doravante precisa de interpretação? Quem decide aquilo que é o verdadeiro cristianismo? Isso é o inevitável *Quis interpretabitur?* e o interminável *Quis jubicabit?*. Quem cunha a verdade nas moedas válidas? A esta pergunta responde a frase: *Autoritas, non veritas, facit legem.* A verdade não se realiza a si mesma, mas para isso ela precisa de ordens executáveis. Estas são dadas por uma *potestas directa*, a qual – ao contrário de uma *potestas indirecta* – garante a execução da ordem, a qual requer obediência e que consegue proteger aquele que lhe obedece. Dá-se, assim, uma série de cima a baixo, da verdade do culto público até à obediência e proteção do indivíduo. Se agora partirmos, em vez de ir de cima a baixo, do sistema das necessidades materiais do indivíduo, então a série começa com a necessidade de protecção e segurança do homem singular, "por natureza" desamparado e indefeso, e com a obediência que daí se segue e que conduz, numa sequência de série invertida, pelo mesmo caminho até aos portões da transcendência. Desta maneira surge um diagrama que, nos seus 5 eixos – com a frase 3 – 3 como eixo central – resulta no seguinte sistema em forma de cristal:

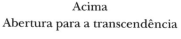

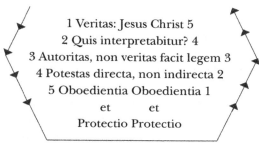

Este "cristal de Hobbes" (o fruto de um trabalho ao longo de uma vida sobre o grande tema no seu todo, e sobre a obra de Thomas Hobbes em particular) merece um instante de consideração e de reflexão. Manifestamente, a primeira frase, o eixo 1-5, contém já uma neutralização das contraposições da guerra de religião interna ao cristianismo. Levanta-se logo a pergunta sobre se esta neutralização pode ser levada para além do quadro da confissão comum de Jesus Cristo, para uma fé comum em Deus – então esta primeira frase também poderia dizer: Alá é grande –, ou, ainda mais além, até uma qualquer das muitas verdades carentes de interpretação, até ideais sociais, valores supremos e princípios fundamentais de cujo cumprimento e execução surgem a luta e a guerra, por exemplo, a liberdade, igualdade e fraternidade; ou: o homem é bom; ou: a cada um segundo o seu mérito, etc., etc.. Não creio que Hobbes tenha querido dizer uma neutralização tão total. No entanto, com isso, não deve ser lançada a pergunta individual-psicológica pela convicção subjectiva de Thomas Hobbes, mas o problema sistemático fundamental de toda a sua doutrina política que, de forma nenhuma, fecha a porta à transcendência. É a pergunta pelo carácter intercambiável ou não-intercambiável da frase *that Jesus is the Christ*.

ad B60. Sobre o dito de Jacob Burckhardt acerca do poder "mau em si": o *Gespräch über die Macht und den Zugang zum Machthaber* [*Diálogo*

198 | CARL SCHMITT

sobre o poder e o acesso ao detentor do poder], 1954 (Tom. n.º 53), que se movimenta na dialéctica do poder humano. O termo "demoníaco" não aparece no diálogo.

ad B65. Se Maquiavel tivesse sido um maquiavélico, ele teria escrito, em vez do *Principe*, um livro edificante, na melhor das hipóteses logo um Anti-Maquiavel. Esta frase é citada de Manuel Fraga Iribarne, na sua conferência de 21 de Março de 1962 (*Revista de Estudios Politicos*, vol. 122, p. 12), com o acrescento superiormente *irónico: "Lo digo con pudor ahora que estoy a punto de publicar El nuevo anti-Maquiavelo"*. O novo Anti-Maquiavel de Fraga apareceu, entretanto, na *Coleccion Empresas Politicas, Instituto de Estudios Politicos*, Madrid, 1962.

ad B73. "Der Gegensatz von Gemeinschaft und Gesellschaft als Beispiel einer zweigliedrigen Unterscheidung: Betrachtung zur Struktur und zum Schicksal solcher Antithesen", no livro de homenagem a Luis Legaz y Lacambra, Santiago de Compostela, 1960, vol. I, pp. 165-176. O destino da antítese entre comunidade e sociedade contém, ao mesmo tempo, um exemplo esclarecedor sobre o efeito do pensar em valores sobre qualquer contraposição que se possa pensar. No cumprimento da lógica do pensar em valores – que é sempre uma lógica de pensar em desvalores –, isso significa para o nosso tema que o amigo seja registado como "valor", e o inimigo, pelo contrário, como "desvalor" cuja aniquilação apareça como valor positivo, segundo o modelo conhecido da "aniquilação da vida sem valor de vida".

A era das neutralizações

ad B81-2. Em relação à deslocação de Berlim (mais próxima de Nova Iorque e de Moscovo que de Munique ou Trier), fui perguntado no ano de 1959, por uma cabeça liderante da economia social de mercado, onde então viria a estar Bona neste mapa. Só lhe pude responder com uma indicação da sentença sobre a televisão do Tribunal Constitucional de Karlsruhe, de Fevereiro de 1961.

ad B84 ss., 89 ss.. Sobre a teoria política da tecnocracia: Hermann Lübbe, *op. cit.* / Sobre a tentativa de produzir a unidade política da

O CONCEITO DO POLÍTICO | 199

Europa através da despolitização (a chamada integração): Francis Rosenstiel, *Le principe de Supranationalité, Essai sur les rapports de la Politique et du Droit,* Paris (Editions A. Pedone), 1962.

Posfácio

ad B82. A expressão *res dura* remete para o meu livro, aparecido em 1931, *Der Hüter der Verfassung* [*O Guardião da Constituição*], cujo prefácio encerra com a citação:

> *Res dura et regni novitas me talia cogunt*
> *Moliri ...*

A citação vem de Virgílio, *Eneida,* Livro I, versos 563-4 e diz: "A dureza da situação política e a novidade do regime (ou seja, da Constituição de Weimar) obrigam-me a tais considerações". Entretanto, há muito que fiz a experiência de que não se podem evitar as retrospectivas tendenciosas nem com uma expressão clara nem com citações clássicas.

Sobre os corolários

Bibliografia: Tom. n.º 23, 42, 50. Em relação à p. 105 *enemy – foe:* no livro colectivo *Power and Civilization, Political Thought in the Twentieth Century,* de David Cooperman e E. V. Walter, Nova Iorque (Thomas Y. Crowell Company), 1962, pp. 190-198, nas passagens que aí se publicam do *Conceito do Político,* a palavra *inimigo* é, na maior parte das vezes, traduzida por *Foe.* Uma investigação mais detalhada pode ser esperada de George Schwab (cf. *Verfassungsrechtliche Aufsätze* [*Ensaios sobre Direito Constitucional*], 1958, p. 439). / Sobre o problema linguístico "amigo-inimigo": tenho hoje por concebível que a letra *R* em amigo [*Freund*] seja um infixo, apesar de tais infixos serem raros nas línguas indo-germânicas. Talvez sejam mais frequentes do que até agora se assumiu. *R* em amigo poderia ser um infixo em inimigo [*Feind*], tal como em *Frater* (em pai [*Vater*]) ou no número três [*drei*] (em dois

200 | CARL SCHMITT

[*zwei*]). Depois de ter apresentado esta suposição a um conhecedor distintíssimo como o Conselheiro Dr. H. Karstien e de este não as ter achado indignas de ser discutidas, quereria pelo menos partilhá-las aqui como uma hipótese heurística.

ad B111. *dog fight.* Retiro esta palavra de um ensaio de Sir John Fischer Williams (sobre a sanções da Sociedade das Nações contra a Itália no conflito da Abissínia em 1936) no *British Yearbook of International Law*, vol. XVII, pp. 148-9. Nele lê-se que a geração vindoura colocará em primeiro plano mais os deveres que os direitos dos neutrais. Todavia, além disso, podem surgir guerras nas quais – se não pela acção, pelo menos nos pensamentos – *não* tomar posição seria impossível para qualquer homem que pense moralmente. Numa tal guerra mundial, que não seria uma mera *dog fight* e que fosse conduzida com todas as energias morais, a neutralidade, por mais que fosse respeitável, poderia não ser respeitada por muito tempo. Dante votou aqueles anjos que permaneceram neutrais no grande combate entre Deus e o diabo a um desprezo e uma pena particulares, não apenas porque tinham cometido um crime, na medida em que violaram o seu dever de combater pelo direito, mas também porque ignoraram o seu interesse mais próprio e mais verdadeiro; os neutrais de um tal combate – diz o famoso jurista inglês da Sociedade das Nações – encontrariam, portanto, um destino com o qual concordaria não apenas Dante, mas também Maquiavel.

Índice

INTRODUÇÃO
"O CONCEITO DO POLÍTICO" DE CARL SCHMITT.......... 7

PREFÁCIO... 29

O CONCEITO DO POLÍTICO (Texto de 1932)............... 41

A ERA DAS NEUTRALIZAÇÕES E DAS DESPOLITIZAÇÕES.... 141

POSFÁCIO À EDIÇÃO DE 1932............................ 159

COROLÁRIO 1.. 161

COROLÁRIO 2.. 169

COROLÁRIO 3.. 181

INDICAÇÕES... 187